AF465310

PRINCIPES

GÉNÉRAUX

D'ADMINISTRATION.

IMPRIMERIE DE BRASSEUR AINÉ.

PRINCIPES GÉNÉRAUX D'ADMINISTRATION,

OU

ESSAI

SUR LES DEVOIRS ET LES QUALITÉS INDISPENSABLES D'UN BON ADMINISTRATEUR.

Par le Bon Guérard de Rouilly.

PARIS,

FAVRE, Libraire, Palais-Royal, galerie vitrée.

1815.

PRÉFACE.

En traçant le plan général de cet Ouvrage je ne me suis dissimulé ni les difficultés d'une pareille entreprise, ni l'insuffisance de mes moyens pour son exécution : d'un côté une juste méfiance, me représentant les écueils que j'allais rencontrer sur cette route peu connue, me détournait d'une carrière dont je n'avais envisagé que la flatteuse perspective. Est-ce à vous, me disait-elle, à peine initié aux premiers élémens de la science la plus minutieuse dans ses détails, et la plus variée dans ses principes, de prétendre en donner aujourd'hui des leçons? Que diriez-vous d'un peintre orgueilleux qui, à peine arrivé au pied d'un superbe édifice, ne craindrait pas d'en décrire les beautés intérieures et les majestueuses proportions? Étudiez-la long-temps encore cette doctrine, base si nécessaire du bonheur des peuples; consacrez à l'approfondir en silence les momens que vous prétendez donner à d'audacieuses théories, et laissez à vos maîtres le soin de nous instruire par leurs ouvrages, après en avoir acquis l'honorable droit par leurs exemples. Tel était le frein qu'une réserve prudente opposait à ma présomption. Mais des réflexions plus rassurantes vinrent bientôt ranimer mon émulation et me rendre ma témérité. Hé quoi donc! me disais-je, pourra-t-on me blâmer d'avoir conçu un noble projet pour ne l'avoir qu'ébauché ? Prendra-t-on les essais d'un patriotisme, un peu hardi peut-être, pour les prétentions d'un orgueil déplacé ? La critique indulgente ne saura-t-elle pas bien distinguer des idées générales, inspirées par la raison, de préceptes journaliers et positifs, qui ne pourraient être en effet que le fruit d'une science profonde et d'une expérience consommée? Enfin, lorsque la malveillance, l'intrigue et la sottise se répandent journellement en déclamations insubordonnées et dangereuses, pourra-t-on s'élever contre un sujet soumis qui aura publié des observations impartiales et indépendantes de l'influence des circonstances? Je l'avouerai, flatté de l'idée patriotique qu'un tel ouvrage, restât-il incomplet, renfermerait toujours quelque vue philosophique, quelque remarque utile, certain du moins que, si la critique impartiale y découvre trop souvent une logique mal approfondie et des raisonnemens un peu vagues, elle n'y trouvera jamais un motif de s'exercer sur mes intentions ; jaloux de ne pas fatiguer toujours mon pays du poids d'une entière inutilité, je me suis presque aveuglé sur mon insuffisance ; j'ai audacieusement franchi la barrière, et me suis précipité à travers le danger. En présentant à l'Administrateur le tableau des qualités qui doivent embellir son caractère et des vertus dont il doit être le modèle, en déroulant devant lui la série de ses devoirs civils et politiques, en fixant enfin ses regards sur les obligations religieuses qui lui sont imposées, je n'ai point prétendu, sous ces divers rapports, entrer dans tous les détails dont un pareil sujet peut être susceptible: une analyse aussi détaillée demanderait des volumes, et comme elle est au-dessus de mes forces, elle n'est point entrée dans le plan que je me suis proposé. Circonscrire dans un seul cadre l'ensemble des devoirs d'un sage Administrateur, et indiquer les masses auxquelles doit définitivement se rapporter chacune de ses opérations, je le répète, voilà le seul but de mes efforts, la seule prétention de cet abrégé: ce sont, si je puis m'exprimer ainsi, des fondemens d'attente sur lesquels un plus habile architecte pourrait asseoir un jour l'édifice complet d'une bonne théorie administrative.

Le retour des idées saines, et d'une tranquillité trop long-temps troublée, nous donne le droit d'espérer que cet utile monument ne sera pas long-temps attendu.

Maintenant qu'il me soit permis d'expliquer ici quelques points dont pourrait me demander compte une critique même bienveillante, et que ne manquerait pas de relever avec amertume une satire irréfléchie ou superficielle : pourquoi, me dira-t-on par exemple, avoir consacré les trois quarts de votre Ouvrage à la partie civile et politique, et n'avoir fait que deux chapitres succincts, pour ne pas dire presque nuls, des qualités sociales et morales de l'Administrateur? Je répondrai que la nature même de ces devoirs, plus ou moins généralement impérieux, semblait me prescrire aussi plus ou moins de développement. De quelles modifications en effet peuvent être susceptibles des qualités ou des vertus exigées de la manière la plus absolue par la nature avant de l'être par la société ? A quels raisonnemens soumettre des obligations qui ne peuvent admettre aucune exception ? Après avoir dit à l'homme chargé du dépôt de l'autorité : montrez à vos administrés toutes les qualités sociales qui la font chérir ; soyez doux, affable, bienveillant ;

tempérez la gravité un peu austère du pouvoir par les formes de la bonté, serait-il convenable de délayer dans de vaines amplifications des conseils qui ne peuvent se modifier ni d'après la diversité des opinions, ni d'après la variation des circonstances? De même, après avoir insisté auprès de l'homme public sur la nécessité d'assurer par l'empire des vertus ce respect sans lequel l'autorité n'inspirera jamais que la jalousie ou la crainte; après lui avoir exposé en termes généraux les avantages qui doivent résulter pour son administration des qualités morales, telles que l'intégrité, la justice, l'incorruptibilité, devions-nous, dans une nomenclature sèchement didactique, nous appesantir sur chacun des autres sentimens vertueux, qui d'ailleurs rentrent plus ou moins dans la série des qualités civiles et politiques qui doivent constituer le sage Administrateur ? J'ai cru devoir entrer, quant à ces qualités civiles et politiques, dans des développemens un peu moins généraux, parce que l'étendue des devoirs qui s'y rapportent s'augmente ou se resserre presque toujours au gré de considérations particulières. Il m'a semblé convenable par exemple, j'ai cru même nécessaire de donner quelquefois un frein à la clémence, des limites à la bonté, de spécifier à l'homme public certains cas où il doit écouter les conseils d'une douceur réfléchie, et de lui faire entrevoir des momens plus critiques, où une rigueur inflexible devient la plus impérieuse comme la plus difficile de ses obligations: il a donc fallu se livrer à quelques considérations de détails pour marquer avec quelque justesse le point où la clémence, considérée comme vertu civile ou politique, ne serait plus qu'une faiblesse dangereuse et par cela même condamnable. Il n'en est pas de même des qualités et des vertus considérées sous le point de vue social ou moral; celles-ci étant exigées dans tous les temps d'une manière absolue et sans restriction, il m'a semblé impossible d'entrer dans des raisonnemens qui les modifiassent ; toute distinction de ce genre m'eût paru un écart inutile, ou plutôt une inconséquence. Maintenant, que cet Essai se trouve terminé, je regarde encore ces motifs comme suffisans pour me justifier d'avoir insisté moins sur les considérations sociales et morales que sur les principes à déduire des rapports civils et politiques.

Il se trouvera peut-être quelques partisans outrés d'une unité rigoureuse qui me reprocheront d'avoir consacré trop de place à un évènement dont le souvenir douloureux ne se rattachait à mon plan que très-indirectement; mais d'abord serait-il bien juste de me contester entièrement cette analogie? Après avoir parlé de la nécessité où se trouve quelquefois l'Administrateur de faire concourir la force militaire au maintien de son autorité, le récit dont il est question ne vient-il pas à l'appui de ce principe pour en faire mieux ressortir l'évidence? La mort d'un vertueux magistrat, victime d'une confiance noble mais dangereuse, ne vient-elle pas corroborer par l'autorité irrésistible de l'exemple l'autorité souvent insuffisante du raisonnement? Je ne m'excuserai donc point d'avoir rappelé au souvenir des Français une catastrophe dont la victime fut signalée dans le temps à l'admiration publique : peut-être aurais-je pu payer un tribut plus succinct à ce beau dévouement ; peut-être, et je l'avouerai même avec franchise, un récit plus abrégé aurait frappé plus juste en liant plus étroitement le précepte à l'exemple qui le fortifie ; mais des sentimens que j'ose croire honorables serviront à la fois de motif et d'excuse à ma prolixité. Attaché à M. Huez par les liens qui doivent unir deux compatriotes, fier de lui avoir appartenu à des titres encore plus intimes, je n'ai pu résister au desir de le rappeler à la mémoire des Magistrats français; j'ai voulu le venger d'un oubli apparent, qui serait, s'il était réel, ignominieux pour la ville qu'il administra avec tant de générosité; j'ai voulu provoquer, à la faveur des temps heureux qui nous sont rendus, des hommages publics qu'a pu retarder la difficulté des circonstances, mais qu'une reconnaissance patriotique ne pourra sans doute retenir plus longtemps. La ville de Troyes ne sera pas la seule qui applaudisse à mes intentions; car l'Administrateur vertueux est de tous les pays, comme il appartient à tous les temps. Respectons ces dignes mandataires du

Prince qui ne font sentir son autorité que par ses bienfaits; honorons ces courageux pères du peuple qui n'hésitent pas pour le sauver de braver jusqu'à ses fureurs: mais ne nous contentons pas d'un froid et stérile sentiment; consacrons par des souvenirs durables l'héroïsme de leur dévouement; signalons par des monumens patriotiques leur mémoire révérée à l'émulation de leurs contemporains, et à l'admiration de la postérité.

Si l'on me demande maintenant à quelle classe d'Administrateurs peut se rapporter la série de ces considérations, je répondrai que mon but n'a point été de m'élever jusqu'à l'Administration suprême, mais bien de tracer quelques règles générales pour la subdivision première du pouvoir, je veux dire pour l'Administration locale particulière. Je vais m'expliquer un peu moins métaphysiquement : ce n'est point aux sublimes combinaisons de la politique et de la législation que j'ai prétendu adapter les principes énoncés dans cet exposé; conséquemment je n'ai pu avoir en vue ni le chef du pouvoir, ni les premiers mandataires, entre les mains desquels il met directement chacun des fils de son autorité; il n'appartenait qu'à notre immortel Montesquieu de dérouler ce tableau de la félicité publique aux yeux du Souverain et de ses ministres : mais lorsque de la sagesse du Prince et des lumières des hommes appelés à y concourir sont nées les lois bienfaisantes qui doivent régir une nation, il faut bien que dans chacune des parties de l'empire une autorité forte préside et veille à leur exécution ; il faut bien que les ordres émanés du pouvoir suprême trouvent un mandataire pour les recevoir, un chef local pour les faire respecter : c'est donc à ce dernier que sont soumises les observations contenues dans cet abrégé. D'après l'état actuel de notre organisation ce sont principalement les préfets, les maires, et autres chargés d'une Administration locale que je me suis proposé d'éclairer. La lettre des lois doit être sans doute assez positive pour n'avoir pas besoin d'une interprétation trop souvent arbitraire; mais quelque puisse être leur clarté, quelque exactitude que l'on ait pu apporter à leur rédaction, il est toujours, dans la manière de les appliquer, des principes qui constituent la conduite plus ou moins prudente de l'autorité : c'est à ces principes que dans chacun des actes de son ministère devra toujours remonter l'Administrateur, jaloux de se rendre à lui-même ce témoignage intérieur, seul dédommagement légitime de ses pénibles travaux; et c'est de ces principes que j'ai tenté d'esquisser l'ensemble, sans m'exposer à échouer dans l'entreprise d'un développement incomplet.

Quant à la religion, je n'ai dû la considérer que sous les rapports généraux qui la rattachent à l'Administration; il ne m'appartenait d'analyser ni la profondeur de ses preuves, ni la métaphysique de ses dogmes, ni la pompe de ses solennités : n'ayant point prétendu offrir à la méditation publique un cours détaillé de morale, je n'ai point essayé non plus un abrégé de doctrine religieuse. L'Administrateur pouvant être, comme homme privé, le disciple zélé d'un culte particulier, mais devant être, comme homme public, le protecteur de tous, je n'ai pu lui parler que des principes relatifs à cette dernière de ses obligations : je lui ai mis devant les yeux et cette tolérance généreuse que lui prescrit l'équité naturelle moins encore que l'état actuel de la société, et ce zèle toujours actif pour alimenter un esprit universel de religion, sans lequel il n'est point de garantie pour la morale publique et particulière ; je lui ai exposé les dangers de la superstition quant aux atteintes qu'elle porte à la religion même, et au parti que ne manquent jamais d'en tirer contre ses préceptes les plus purs l'athéisme et l'immoralité. J'ai tâché de convaincre l'Administrateur de la nécessité de faire entrer les principes religieux comme élément principal dans l'éducation. Toutes ces considérations ne se rapportant exclusivement à aucun culte particulier, l'observation de ces règles générales ne pouvant être contrariée ni modifiée par les dogmes d'aucune religion, leur ensemble est, sous le rapport du bien public, du ressort de toute bonne Administration, et je n'ai pu le négliger dans le plan que je m'étais proposé. J'ai tâché surtout qu'aucune de mes observations ne blessât ni le respect dû à la religion la plus généralement établie, ni cette tolérance universelle prescrite par la piété véritable autant que par les lumières de la civilisation.

Après avoir expliqué ainsi le but général que je me suis proposé, et le plan nécessairement un peu sommaire de cet Ouvrage, je n'ai point la prétention d'avoir présenté, même dans son ensemble, toute la série des considérations dont il était susceptible; c'est une mine trop féconde pour me flatter présomptueusement de l'avoir épuisée : sans doute il est d'autres principes administratifs faciles à établir pour un publiciste exercé, et qui ont dû échapper à mon inexpérience ; mais si dans ceux dont j'ai essayé l'analyse j'ai pu rencontrer quelque idée judicieuse, ou quelque remarque utile, mes efforts seront payés, mon but sera rempli. Puisse un jour l'homme de génie concevoir l'heureuse idée de développer le plan que je n'ai su qu'ébaucher ! puissent les jeunes candidats de l'Administration trouver bientôt dans un Ouvrage plus profond des conseils plus étendus, et des préceptes plus sûrs ! puisse en attendant le public, auquel je soumets ces considérations générales, les accueillir sans prévention, et les apprécier avec indulgence !

PRINCIPES
GÉNÉRAUX
D'ADMINISTRATION.

CHAPITRE PREMIER.

Observations générales.

Si la nature humaine, déchue de sa pureté primitive, n'avait échangé ses antiques vertus contre les vices qui la défigurent ; si la société n'opposait au zèle de ses chefs ni la perversité qui les effraie, ni l'indocilité qui les décourage, l'Administration ne serait entre leurs mains qu'un ministère patriarchal de famille, et ces observations deviendraient inutiles : mais, hélas! l'autorité des faits ne nous désabuse que trop de ce bonheur chimérique ! Quelles scènes de désordre l'histoire n'offre-t-elle pas à chaque page à nos méditations ! sur quels écarts, sur quels forfaits le flambeau de l'Expérience ne nous vient-il pas éclairer ! Dans cet état volcanique, auquel le monde moral se trouve universellement condamné, de quelles crises inévitables la grande famille sera-t-elle à chaque instant menacée si des Administrateurs aussi sages que vigilans ne savent étouffer ces germes dangereux qui fermentent dans son sein ! Mais où trouver ce pilote expérimenté qui sache également passer à travers les écueils, et lutter contre les orages ? où sera ce médecin prudent, aussi habile à prévenir les maux qu'à cicatriser les blessures? car, il serait absurde et inutile de le dissimuler, si la jalousie, l'intrigue et toutes les passions opposent journellement au Magistrat dévoué des obstacles difficiles et presque insurmontables, l'Administrateur injuste, arrogant ou timide présente aussi trop souvent à la malveillance des motifs légitimes, ou du moins des prétextes. D'un côté la société contemple en frémissant des enfans ingrats qui la déchirent, et de l'autre d'indignes tuteurs qui la compromettent.

Des considérations générales sur les devoirs et les qualités indispensables de l'Administrateur ne sauraient donc paraître déplacées dans un moment surtout où un Gouvernement paternel accueille avec la même bienveillance et les essais du zèle, et les hommages du talent : c'est lorsqu'un grand peuple, au sortir du danger, pose ou renouvelle les fondemens de sa sécurité future, quand un patriotisme éclairé porte à la fois ses regards sur le passé qui l'effraie, et sur l'avenir qui le console, qu'il est permis à l'homme de bien d'offrir à la méditation publique des vues qu'il croit utiles, et des réflexions sans danger. Si sa force a trahi les efforts de son zèle, s'il s'est égaré dans sa route, et n'a mis sous les yeux qu'un tableau sans couleur et sans vie, l'humanité du moins n'aura point à gémir de sa présomption, et sa faiblesse même lui servira d'excuse : mais s'il a trouvé quelque appui dans le sentiment qui le guide, s'il a dérobé quelques feux au flambeau de la Vérité, si ses veilles n'ont pas été tout à fait inutiles, le suffrage du Magistrat patriote fut le seul but de ses travaux ; il est aussi leur récompense.

Je vais donc essayer de peindre l'Administrateur tel que le burin du patriotisme l'a gravé dans mon imagination ; je tracerai, si j'ose m'exprimer ainsi, *le beau idéal* de l'Administrateur ; et s'il est un degré de perfection auquel nul mortel ne saurait atteindre, du moins dans chacune des nuances qui doivent embellir ce tableau je sais où trouver des modèles.

L'Administrateur étant (dans la portion de la société soumise à sa juridiction) le premier anneau de la chaîne de cette même société, ses qualités sociales ne sauraient avoir une influence légère sur son administration ; tous les genres d'impulsion qu'il pourra donner, et de bien qu'il pourra faire sont liés à cette réciprocité d'affection que doivent établir entre lui et ses administrés les premières impressions : avant de diriger les esprits vers de sages institutions il faut gagner les cœurs par des formes aimables ; et c'est surtout en France que cette première qualité devient indispensable. C'est d'après ce principe que nous avons dû considérer d'abord l'Administrateur sous les rapports sociaux; c'est à dire sous les rapports qui le lient personnellement et par la confiance à la portion de la société dont il est appelé à être le chef.

Cependant qu'il ne se repose pas sur ce premier avantage des heureux résultats de sa future administration; ce n'est pas tout d'avoir disposé les esprits à la docilité, et les cœurs à la confiance; cet empire que lui promettent ses qualités sociales, il faut qu'il le fortifie par l'ascendant des vertus : c'est en vain qu'il se sera paré à tous les yeux de la bonté qui captive, et de la douceur qui séduit; s'il n'acquiert au respect et à la vénération publique des titres véritables, s'il ne met ses travaux sous l'égide d'une vie sans reproches, tous ses plans sont frappés d'anathème, ses efforts impuissans; il étouffe dans leur germe des fruits qui ne peuvent mûrir qu'au soleil des vertus. Nous avons donc dû considérer l'Administrateur sous les rapports moraux avant de dérouler le tableau civil et politique que nous avons ensuite à lui présenter.

C'est quand nous envisageons l'Administrateur sous ce troisième point de vue que les réflexions se présentent en foule : l'étendue des devoirs se développe à mesure que le champ des difficultés s'agrandit ; l'horizon qu'il a devant les yeux est l'infini ; la route qui s'ouvre sous ses pas l'immensité. Cette carrière, dans laquelle toutes ses découvertes sont des écueils, et tous ses pas des dangers, il faut, pour qu'il puisse la parcourir avec sécurité, que la loi soit son guide, et l'expérience son flambeau. La douceur et la fermeté, l'audace et la prudence, l'indulgence et la sévérité, tels sont les extrêmes qu'il lui faut concilier avec autant d'énergie que de circonspection ; tel est l'abrégé des rapports civils et politiques qui constituent le sage Administrateur.

Mais après qu'il s'est concilié tous les cœurs par ses qualités personnelles, quand il voit le respect public payer un noble tribut à ses vertus, lorsqu'il fait avec succès concourir à son but toutes les lumières de son esprit, tous les fruits de son expérience, toutes les découvertes de son génie, il lui reste encore un péril à prévoir, un écueil à redouter : dans ce siècle d'agitations, où le progrès des lumières en a fait naître l'abus, où la manie du raisonnement a fait fuir la raison, où, sous le nom de philosophes, on ne voit en matière de religion que docteurs intolérans ou scepticistes stupides, à quel art délicat ne doit pas recourir un Administrateur pour étouffer des querelles dangereuses dès qu'elles cessent d'être ridicules ! Pour arriver à ce résultat difficile il n'a point de règle fixe qui le guide, point de loi qui l'éclaire ; le danger se présentant constamment sous des formes nouvelles, l'expérience, son régulateur ordinaire, ne peut lui offrir qu'un secours vague et insuffisant : c'est dans la justesse de son esprit, dans la rectitude de son imagination qu'il lui faut chercher ou des moyens de prévoyance, ou des voies de repression, suivant les circonstances. Honneur donc à l'Administrateur qui réunit aux qualités sociales qui inspirent la confiance, aux vertus qui commandent le respect, aux lumières et au génie qui doivent immortaliser ses travaux, ce tact délicat, ce jugement sûr et profond, qui seuls peuvent lui aplanir cette partie la plus difficile de la carrière administrative !

Tels sont les différens points de vue sous lesquels nous avons cru devoir envisager le sujet important qui nous occupe ; telles sont les qualités nécessaires et indispensables d'un sage Administrateur ; telle est enfin la série de considérations que nous allons essayer de développer dans les chapitres suivans.

CHAPITRE II.

De l'Administrateur considéré sous les rapports sociaux.

AVANT d'entrer dans le détail des qualités sociales nécessaires à l'homme public, qu'il nous soit permis d'énoncer ici une vérité aussi incontestable dans son principe que générale dans ses conséquences : l'homme investi par la confiance de son souverain d'une portion quelconque de l'autorité administrative, eût-il tout le génie de Colbert, et toutes les vertus de Malesherbes, est destiné à se consumer sans honneur en efforts infructueux s'il ne fait aimer le pouvoir qu'il doit faire aussi respecter. La nature humaine, qui ne voit qu'en frémissant mettre un frein à sa licence, et des bornes à ses passions, repoussera de tous ses moyens l'Administrateur chargé de ce pénible ministère, s'il n'en tempère la surveillance importune par les formes qui en dissimulent la sévérité. Otez au pouvoir ses ménagemens paternels, dépouillez l'homme public de sa popularité; bientôt la multitude égarée ne verra dans l'autorité que l'oppression, et l'esclavage dans l'obéissance. Du moment que l'organe des lois, l'interprète des ordres du prince, le dispensateur des encouragemens et des récompenses n'aura plus pour soutien de ses travaux que le respect ou la crainte, c'en est fait de son administration; qu'il abandonne un poste où ses lumières et ses vertus sont presque également inutiles. Telle est la triste marche de l'humanité, que les vertus, objets d'une admiration stérile, ne produiraient que des résultats incomplets sans la modestie qui les fait valoir, et l'affabilité qui les fait aimer.

O vous donc qui voulez établir votre renommée sur les fruits d'une sage administration, marquez vos premières impressions du sceau de la bonté ; frayez-vous le chemin des cœurs par des actes de bienveillance ; entourez-vous sans morgue, comme sans affectation de ceux auxquels vous devez commander ; que votre personne soit déjà appréciée et chérie avant que votre pouvoir soit, pour ainsi dire, soupçonné. Ce n'est point par l'éclat d'un vain luxe, par des airs insolens, par l'affectation d'une importance ridicule que vous devez annoncer votre mission ; c'est par une noble simplicité, par des manières affables, par une popularité sans bassesse que vous devez faire aimer votre personne et deviner vos principes. Surtout ne vous pressez pas trop d'essayer le pouvoir; l'exercice de vos nobles fonctions souffrira moins d'un léger retardement que d'une indiscrète précipitation : avant de former vos premiers pas préparez le terrein que vous devez parcourir ; songez que si vous ne marchez sur des fleurs, vous marcherez sur des volcans. La carrière heureusement disposée, l'amour, la confiance, et tous les sentimens doux faciliteront à l'envi la marche de votre administration : mais si votre inexpérience a négligé des soins dont elle a méconnu la nécessité, il vous faudra courir de précipices en précipices, et rencontrer entraves sur entraves : la haine contrariera tous les plans de votre prudence ; les obstacles naîtront en foule sur votre chemin, et bientôt vous ne pourrez plus diriger le char, que la malveillance fera dévier à chaque pas. Que le soin de préparer les esprits et de gagner les cœurs soit donc votre première étude ; il n'est pas un instant, un acte de votre ministère qui ne doive désormais vous en développer l'importance.

Lorsque par l'effet naturel d'un heureux caractère, ou par des efforts étudiés, et des soins délicats l'Administrateur aura commandé l'affection, et inspiré la confiance, il sentira combien se trouve allégé le poids de ses importans travaux. Qu'il craigne cependant de s'endormir sur un premier succès ; ces précieux sentimens que son bonheur ou sa sagesse a fait naître, une démarche irréfléchie peut les faire évanouir, un rien peut les éteindre : si l'attrait de la nouveauté et le charme de quelques dehors lui ont livré les cœurs à l'improviste, et presque sans défense, il faut que le temps et la réflexion viennent lui assurer sa conquête. Cet ouvrage que ses premiers efforts lui ont fait heureusement commencer, c'est à une suite non interrompue de semblables soins et d'efforts nouveaux à le terminer. Il faut que l'affabilité administrative, si je puis m'exprimer ainsi, vienne se rattacher à son affabilité sociale. L'exercice rigoureux de ses devoirs ne peut le dispenser de cette obligation des convenances presque aussi nécessaire : un solliciteur respectable vient faire avec confiance un appel à sa justice ; il présente des titres puissans, il invoque des droits aussi incontestables que sacrés; hé bien, si, fidèle à ses principes, le dépositaire de l'autorité lui rend sur-le-champ la justice qu'il ne peut lui refuser, il n'a rien fait encore ; il doit par un accueil empressé, par des expressions bienveillantes, par d'affectueuses démonstrations convaincre l'honnête homme du plaisir qu'il éprouve à être envers lui l'interprète de l'équité publique : il doit accompagner l'acte qui constate ses droits des formes qui en doublent le prix. S'il accorde une grace, ou qu'il distribue des bienfaits, c'est encore une aimable affabilité qui fera apprécier davantage ces fruits journaliers de sa sollicitude. Enfin c'est à la justice, à l'intégrité, à toutes les vertus de diriger sa conduite administrative; mais c'est aux formes sociales qu'il appartient de faire valoir et son ministère et ses vertus mêmes.

Ce n'est pas cependant à des actes de justice ou de bienveillance que ce principe essentiel nous paraît seulement applicable; on en reconnaîtra l'évidence plus positivement encore, s'il est possible, dans ces circonstances délicates où un Administrateur se trouve obligé quelquefois de déployer un appareil menaçant de sévérité. Ce n'est pas ici un des moindres écueils que doive redouter l'homme public dans sa pénible carrière : ses fonctions seraient trop douces, ses devoirs trop faciles s'il n'avait jamais à parler que le langage de la bonté et de l'indulgence ; mais la perversité humaine le rend quelquefois dangereux, et l'intérêt public en ordonne autrement. Il est des momens de crise extraordinaire où, après avoir inutilement épuisé tous les calculs de la prévoyance, et tous les efforts de la bonté, le bien de la société même commande des mesures de rigueur, des exemples solennels : c'est quand il en est arrivé à cette pénible nécessité que l'administrateur, reportant ses regards en arrière, s'applaudit des sentimens qu'il a fait naître, des fruits heureux qu'il en recueille : l'opinion publique, fixée sur son caractère, le sépare avec impartialité des fonctions qu'il remplit ; sans cesser de le bénir pour ses intentions, on le plaint des devoirs rigoureux qui lui sont imposés : ses bienfaits sont à lui, le reste aux circonstances.

Tels sont les fruits heureux d'une administration paternelle ; tels sont pour l'homme public les résultats assurés des qualités sociales.

A côté des dédommagemens réservés à l'Administrateur, qui a pris pour base de ses travaux une bienveillance raisonnée et une douce affabilité, plaçons ici les écueils qu'il évite, et les dangers d'un autre système. Supposons ces mêmes circonstances dont l'histoire et l'expérience ne nous montrent que trop souvent la réalité; supposons qu'avant ces momens difficiles l'Administrateur, aveuglé par de faux calculs, ou entraîné par un caractère malheureux, ait préféré les hommages d'un respect forcé aux élans plus flatteurs de l'affection publique, qu'il ait négligé pour une dignité froide et souvent exagérée les formes aimables de la bonté, à quels redoutables orages va-t-il se trouver exposé? Son administration passée va rendre sa situation actuelle plus critique, et ses devoirs plus terribles : les efforts de la malveillance, les clameurs de la haine se joindront pour l'accabler à la difficulté des circonstances. Il n'a point trouvé dans sa fortune de cœurs pour le bénir; il n'en trouvera point qui s'intéresse à ses travaux devenus dangereux : le voilà sur le bord de l'abîme; il n'aura pas un appui qui le retienne; les périls vont se multiplier; pas un conseil pour l'aider à les prévenir, pas un ami pour les partager. Cependant le mal s'envenime; les remèdes deviennent tous les jours plus urgens; l'autorité suprême adresse à la fois des ordres et des reproches; des mesures de rigueur vont être indispensables. Dans cet état, de moment en moment plus critique, il n'a plus ni la faculté de la réflexion, ni le choix des moyens; il lui faut précipiter des démarches que la prévention rend incomplètes ou dangereuses. Au lieu de ramener les esprits, sa sévérité, condamnée d'avance au tribunal de l'opinion, ne fait que les aigrir : le mal prend graduellement des caractères plus graves ; le Souverain, qui croit sa confiance abusée ou trahie, paie enfin ses travaux d'une disgrace à laquelle la joie publique vient encore insulter. Heureux si dans ce naufrage politique son honneur accusé résiste aux fureurs de la tempête, et n'est pas englouti avec sa fortune ! Voilà cependant tous les maux qu'il doit à un système malheureusement aussi commun que dangereux. On s'abuse sur les inspirations de l'amour-propre ; on transforme en dignité les airs offensans d'un orgueil ridicule ; on croirait déroger par une simplicité noble et une douce affabilité : on commence par la réserve ; on finit par l'impertinence ; peu à peu les esprits blessés se permettent de malignes réflexions; les cœurs s'éloignent; la malveillance et la haine succèdent à l'indifférence : dès ce moment c'en est fait, l'Administrateur est jugé; son ministère est désormais sans ressource et le mal sans remède.

Ce n'est pas seulement pour l'intérêt personnel de l'homme public que les qualités sociales dont nous parlons sont utiles et même indispensables; cette considération doit influer en première ligne sur le choix d'un Gouvernement éclairé. Quel est en effet le but essentiel de tout bon Gouvernement, la première condition sans laquelle toutes ses opérations sont frappées d'une nullité inévitable? Craindrions-nous de le dire dans un moment où, pour le bonheur de la France, cette condition se trouve si bien réalisée, et ce but si complètement rempli? Il n'est point pour un Gouvernement de stabilité réelle, ni de force véritable si les peuples ne tiennent au pouvoir qui les dirige par sentiment plus encore que par nécessité. Or, qui peut faire naître ce sentiment, base nécessaire de toute bonne administration, si ce n'est l'homme en faveur duquel le respect s'accroît et se fortifie de toute l'affection publique, celui qui sait se concilier le plus précieux et le plus sûr de tous les hommages? Secondé par de tels mandataires, un Gouvernement peut marcher avec autant de force que de sécurité; ses mesures paternelles acquerront un nouveau degré de bienfaisance des mains par lesquelles elles seront appliquées; les sacrifices que des circonstances impérieuses le forceront d'exiger, sollicités avec douceur, seront consentis avec empressement, et consommés avec exactitude. Si un moment d'erreur nécessite quelques mesures rigoureuses, l'ordre sera rétabli presque aussitôt que troublé. Ainsi le repos et le bonheur public, fruit des travaux d'un sage Administrateur, seront sa plus belle récompense, et les peuples béniront à la fois l'auteur de leur félicité et le Gouvernement dont il est l'interprète.

Concluons de ces diverses considérations que les qualités sociales sont aussi nécessaires au bonheur personnel de l'Administrateur qu'au bien général des administrés; qu'un Gouvernement sage doit les consulter avec soin dans le choix de ses mandataires; et que si elles sont insuffisantes sans les vertus, plus évidemment encore indispensables, c'est leur réunion qui seule peut faire valoir les qualités morales, et les empêcher, administrativement parlant, d'être inutiles.

CHAPITRE III.

De l'Administrateur considéré sous les rapports moraux.

Malgré l'importance que nous avons attachée dans nos considérations précédentes aux qualités sociales, l'homme public qui les prendrait uniquement pour base de sa conduite administrative tomberait dans l'erreur la plus inexcusable, comme la plus dangereuse ; il ressemblerait à l'imprudent nautonier, qui, environné de bancs et de rochers, mettrait tous ses soins à en éviter un seul, et ferait briser son vaisseau contre tous les autres. A Dieu ne plaise qu'en insistant avec force sur la nécessité de ces qualités qui facilitent le triomphe des vertus nous les ayons considérées comme plus indispensables que les vertus mêmes ! un pareil paradoxe ne serait susceptible ni d'une réfutation réfléchie, ni même d'un sérieux examen : il est des vérités que leur évidence rend tous les jours plus triviales ; les soumettre à une vaine démonstration serait perdre un temps précieux : il est ridicule et presque défendu de les vouloir prouver ; mais il est bon, il est toujours utile de les approfondir. Lors donc que nous aurons avancé que le mérite de tout administrateur repose essentiellement sur les qualités morales, nous aurons proclamé assez inutilement un principe incontesté ; il peut cependant nous être permis de l'observer dans ses applications, et de le suivre

L'Administrateur qui par ses qualités sociales s'est environné de la confiance et de l'affection publique a sans doute fait un pas important vers d'honorables succès ; il a semé le germe précieux d'une heureuse administration ; mais ce germe lui-même ne peut être développé que par les qualités morales, et fécondé que par les vertus. Le soin de se faire aimer est pour l'homme public un soin préalable et, pour ainsi dire, un calcul préparatoire ; mais le calcul rigoureux, le soin indispensable est de se faire estimer : quel est en effet le plus beau titre de l'Administrateur, quelle est la plus auguste de ses attributions? N'est-il pas, en même temps que le conservateur des intérêts de ses administrés, le gardien et le surveillant naturel de la morale publique? Le compte rigoureux qu'il en doit à la société n'est-il pas le plus saint de ses engagemens, comme la violation de ce dépôt sacré serait envers elle l'attentat le plus solennel? Hé bien! de ce principe, que personne n'osera sans doute contester, résulte, comme la plus claire de toutes les conséquences, la nécessité, pour l'intérêt particulier de l'homme public, de se fonder sur une vertu intacte, une réputation à l'abri de toutes les atteintes; car il serait absurde qu'il proclamât des principes démentis d'avance par ses exemples, et décrédités par sa conduite. De quel droit viendrait-il au nom de la société publier une morale qu'il semblerait désavouer lui-même? de quel front oserait-il réclamer l'obéissance, et protester contre l'indocilité? enfin que pourrait-il répondre à celui qui l'accablerait de ce langage foudroyant: A quels signes voulez-vous que nous reconnaissions votre mission? sur quels titres prétendez-vous ici l'appuyer? Vous nous parlez de morale, et toutes vos actions sont marquées du cachet scandaleux de l'immoralité! vous ne craignez pas de nous prêcher la douceur et la tolérance, quand vous ne nous présentez que des spectacles de colère et d'emportement! Vous nous recommandez avec un zèle affecté le dévouement au prince et à la patrie, quand vous les trahissez tous les deux par vos injustices et vos prévarications! la générosité, quand un sordide intérêt est la base et le motif évident de tous les actes de votre administration! Cessez de nous parler un langage auquel votre conduite ne nous a point préparés! portez ailleurs des préceptes que l'autorité de vos exemples n'a point consacrés! nous reviendrons au culte des vertus quand un plus digne ministre en desservira les autels.

A ce langage trop bien fondé que répondra l'Administrateur, dont la conscience ne pourra désavouer ces terribles reproches?

C'est en vain qu'il a recours à toute l'hypocrisie d'une éloquence captieuse; en vain il essaie de suppléer par de froids raisonnemens aux exemples qu'il n'a pas donnés; ses raisonnemens et son éloquence se perdent dans le mépris public, dont il est accablé; sa personne est dépouillée du prestige de la considération, et son ministère avili sans retour.

Au lieu de cet indigne dépositaire d'une autorité flétrie, supposez un Administrateur qui, après s'être concilié par ses qualités sociales la confiance et l'affection publiques, commande le respect par ses vertus; que, pour assurer à la loi dont il est l'organe une obéissance plus facile, il veuille mettre tous les actes de son ministère sous la garde de la morale publique; qu'il fasse enfin un appel continuel aux vertus de ses administrés; son exemple, d'accord avec ses principes, rend la soumission plus prompte, et la lutte plus difficile. Ceux dont la docilité n'a besoin pour éclater d'aucune considération étrangère l'apportent cependant plus volontiers en tribut à celui qui réunit dans un même sentiment leur obéissance comme administrateur, et leur respect comme membre vertueux de la société. Ceux qui, plus disposés à une dangereuse résistance, en saisiraient avidement l'occasion ou le prétexte dans la conduite d'un chef immoral, sont obligés de chercher d'autres motifs à leur indocilité : ainsi, par une double influence, l'exemple d'un Magistrat vertueux en affermissant les bons déconcerte aussi les méchans. L'Administrateur, qui ne craint pas, en se dépouillant du respect public, de perdre l'arme la plus puissante de son autorité, est livré sans défense aux coups du premier argumentateur qui voudra l'attaquer; rien ne peut le sauver de ce terrible dilemme : ou vous ne me prêchez qu'une morale abusive et de convention, ou vos discours sont fondés sur des vérités et des règles immuables: dans le premier cas pourquoi voulez-vous me rendre le jouet imbécille de vos sophismes; dans le second, pourquoi me soumettrais-je au gré de vos ordres inconséquens, à une doctrine que vous transgressez vous-même? A cet argument de la malveillance point de réplique, et par conséquent point d'administration véritable. L'homme public au contraire, qui a accrédité par son exemple les vertus qu'il réclame, se présente dans l'arène avec toutes ses forces; il ne livre point à l'ennemi le côté découvert de la récrimination; il est prêt à parer tous les coups, à déjouer toutes les ruses; il manie enfin avec autant de force que de sécurité les armes de la persuasion et du raisonnement, qu'il n'a point émoussées par l'inconséquence.

En parlant ici des vertus morales sous le rapport de l'intérêt particulier que trouve l'homme public à les exercer, il nous semble inutile de nous excuser d'avoir insisté sur cette considération secondaire en glissant, un peu légèrement peut-être, sur celle du devoir sacré dont il ne peut être dispensé ; loin de nous cependant l'idée de le méconnaître ! Sans doute il nous eût été facile de puiser dans les règles immuables des devoirs de l'homme des argumens puissans, des principes inattaquables. S'éloigner d'une mine si féconde, c'est, il faut l'avouer, renoncer à ses plus abondantes ressources; c'est laisser loin du champ de bataille ses plus précieuses munitions ; mais nous n'avons prétendu tracer à l'homme public que des règles de conduite administrative ; c'est à des raisons tirées de la nature même de ses travaux que nous avons dû borner ces considérations; nous avons essayé un cours abrégé d'Administration générale, et non pas un cours complet de morale.

En nous renfermant donc dans le cercle borné des considérations administratives, qu'il nous soit permis de faire valoir un principe dont l'immoralité même n'oserait désavouer la vérité, ni dissimuler l'importance. Si, comme nous croyons l'avoir prouvé dans le chapitre précédent, les qualités sociales doivent influer sur le choix d'un gouvernement éclairé, combien les vertus et les qualités morales ne doivent-elles pas entrer davantage dans les motifs de sa détermination ! Supposons qu'un Administrateur, paré de toutes les qualités dont nous avons parlé plus haut, soit parvenu, par les formes douces de son administration, à faire aimer le gouvernement dont il est le ministre, quelle sera la force et la durée de ce sentiment d'affection dès que les liens n'en seront pas continuellement resserrés par le respect et la vénération, apanage exclusif des vertus? Il n'en est pas de ces sentimens qu'elles inspirent comme de ceux que font naître les simples qualités sociales : ceux-ci, déterminés à l'improviste par une première impression, sont souvent le fruit du hasard ou du caprice; ils se bornent à celui qu'une heureuse prévention en a fait l'objet : les autres, plus justes et moins circonscrits, ne s'arrêtent jamais à celui qui les inspire; ils rejaillissent toujours sur le gouvernement qui l'a honoré de son choix, et c'est par cette considération même qu'un tel choix ne peut jamais lui être indifférent. Il n'est aucun de nous qui n'ait pu se convaincre par sa propre expérience de la vérité de cette assertion. Quelle est la partie de ce beau royaume que les circonstances n'aient livrée en peu d'années à plusieurs administrateurs différens de talens comme de caractères ? Hé bien ! que la bonne foi nous réponde ici ; tous ces choix successifs ne nous ont-ils pas fait porter aussi au Gouvernement le tribut de sentimens différens ? N'ont-ils pas été tour à tour l'objet de nos murmures ou celui de nos bénédictions ? n'avons-nous pas rapporté à l'autorité suprême les témoignages de vénération que les uns nous commandaient par leurs vertus, comme l'expression du mépris que nous arrachait l'immoralité de plusieurs ? Ainsi donc si ce tableau n'est ni chargé ni infidèle, si l'opinion publique, propice ou défavorable, a toujours atteint à la fois et le Gouvernement et son mandataire, nous faut-il une preuve plus irrécusable de l'influence que doivent avoir sur le choix d'un Gouvernement éclairé les vices ou les vertus des dépositaires de son autorité ?

Avant de finir cet exposé pourquoi ne

combattrions-nous pas un sophisme qui, tout grossier qu'il est, a trouvé et trouvera toujours quelques sots défenseurs? La morale et la religion, nous dit-on, peuvent, avec quelque fondement, réclamer ces vertus sur lesquelles vous insistez avec tant de persévérance; mais elles ne sont en administration que des perfections inutiles; souvent même elles entravent sa marche et paralysent ses moyens. Le dehors de ces mêmes vertus, un décorum rigoureux, une attention constante à observer les bienséances, voilà les seules obligations d'un Administrateur; voilà la règle de ses travaux, et la base de toutes ses fonctions. Un pareil argument est le chef-d'œuvre du délire, s'il n'est pas celui de la plus profonde immoralité: il ne faut pas des raisonnemens bien étudiés pour détruire en un instant cet échafaudage de paradoxes, et réduire à sa juste valeur ce système complet d'absurdité : hé quoi ! l'apparence des vertus morales, ou le simple décorum, puisque ce mot a été scandaleusement inventé par la perversité, suffirait à un Administrateur, et lui tiendrait lieu des vertus, qui par là même lui deviendraient inutiles ! Mais lorsqu'il sera environné de tous les pièges de la séduction, quand, placé entre les plus riches présens et la flatterie la plus insidieuse, il lui faudra dédaigner l'une, et repousser les autres, quels garans la société aura-t-elle de sa justice s'il n'a lui-même que les dehors de l'incorruptibilité? Et si l'honnête homme sans appui vient implorer son autorité contre un oppresseur puissant, où sera son recours s'il ne trouve dans l'arbitre de sa destinée que les dehors d'une fausse impartialité? enfin, quand il aura lui-même à décider son choix entre l'immoralité importune et la modeste probité, fera-t-il précéder sa décision d'un examen bien sévère, s'il ne fait qu'une différence extérieure entre l'une et l'autre? ne donnera-t-il pas même une scandaleuse préférence aux vertus affectées sur les vertus véritables ? Ne fera-t-il pas enfin dans toutes les circonstances sur l'autel du décorum le plus immoral de tous les sacrifices ?

Nous rougirions d'insister plus long-temps sur des principes aussi évidens; ce serait employer fastueusement une logique inutile; ce serait s'armer de toutes pièces pour combattre un pygmée. Nous en avons dit assez pour prouver aux esprits susceptibles de raisonnement que, si les qualités sociales sont nécessaires à l'établissement d'une bonne administration, les vertus morales sont la base sur laquelle repose tout l'édifice, qui sans elles finirait par crouler infailliblement.

CHAPITRE IV.

De l'Administrateur considéré sous les rapports civils et politiques.

Jusqu'ici nous n'avons considéré l'Administrateur que sous les rapports généraux qui le lient à la société et à la morale publique. Ces deux considérations ne peuvent se modifier ni d'après la variation des temps ni d'après le caprice des événemens ; il n'est point de crise, ou morale, ou sociale, qui puisse changer la règle immuable des devoirs de l'homme public sous ces deux rapports; car la société, aussi invariable que sévère, prescrit toujours les mêmes lois; la morale les mêmes principes : c'est une chaîne éternelle qui ne peut ni s'interrompre, ni s'étendre au gré de considérations particulières. Nous n'avons donc pu donner aux conséquences que nous avons déduites de la nature même de la société et de la morale que des développemens généraux, les seuls dont elles nous parussent susceptibles; toute exception devenait un écart; il n'est pas un moment dans l'Administration où les qualités dont nous parlions ne soient indispensables. Il n'en est pas de même des rapports civils et politiques sous lesquels nous allons maintenant envisager l'homme public, et les fonctions délicates dont il est investi : c'est ici que le nombre et la nature des devoirs se modifient avec les événemens, s'étendent ou se resserrent avec les circonstances; l'imagination la plus aguerrie ne regarde qu'en frémissant, à travers le prisme qui les multiplie ; le jugement le plus fin ne saurait embrasser toutes les nuances dont ils sont susceptibles. Au milieu de ce chaos, qu'il serait téméraire de prétendre éclaircir, il est permis seulement au patriotisme d'allumer quelques flambeaux pour éclairer les masses ; c'est à l'expérience à jeter sur les détails une lumière, qui, malgré ses efforts, doit rester longtemps incertaine.

Quelles sont donc les bases sur lesquelles on peut appuyer des principes d'administration civils et politiques ? Malgré les modifications infinies dont nous venons de reconnaître ces principes susceptibles, il en est cependant d'immuables comme les devoirs dont ils sont émanés, et ce sont ces règles invariables que nous allons essayer de soumettre à l'analyse du sentiment plus encore qu'à celles d'une logique rigoureusement approfondie. Une des qualités essentielles de l'Administrateur est de savoir allier par un discernement délicat les principes inflexibles d'une fermeté souvent nécessaire, avec les ménagemens de l'indulgence et les hésitations de la bonté ; c'est de juger avec la finesse d'un tact exercé les circonstances dans lesquelles il lui est permis jusqu'à un certain point de fléchir, et celles où il doit sacrifier au maintien d'une autorité compromise les conseils de la douceur, devenus dangereux. Si dans tout le cours de sa carrière administrative l'homme public doit être soumis à mille épreuves de forme et d'espèce différentes, celle-ci n'est, il faut l'avouer, ni la moins fréquente ni la moins difficile : dans cette alternative de souplesse ou de fermeté, à quel guide aura recours un Administrateur prudent pour se déterminer? quelles considérations motiveront son indulgence, ou commanderont sa sévérité ? C'est à ce discernement, à cette finesse de tact, dont nous parlions tout à l'heure, qu'il appartient de fixer son irrésolution. Si, après avoir tout prévu, tout calculé, tout approfondi, il voit qu'un acte de fermeté n'expose son administration ni au danger d'une lutte incertaine, ni à la nécessité d'une mesure rétrograde; si un sacrifice nécessaire, froissant pour l'avantage public quelques intérêts particuliers, a excité des murmures qui, ménagés dans leur principe, peuvent finir par une résistance ouverte et dangereuse, si de douces représentations ou des moyens mesurés n'ont fait dans d'autres circonstances qu'encourager l'audace et alimenter le désordre ; si enfin un exemple solennel est commandé par des motifs dont il n'appartient qu'à l'expérience de bien apprécier la justesse, dans tous ces cas l'Administrateur doit, étouffant toute considération étrangère, bravant tout danger personnel, déployer l'appareil rigoureux du pouvoir, et s'armer d'une pénible mais indispensable sévérité ; c'est alors qu'il doit faire une abnégation pleine et absolue de son caractère. Si la nature, en le douant de tous les sentimens doux, lui a refusé cette énergie qui devient son devoir, il faut que le raisonnement et la nécessité suppléent à cette force intérieure qui lui est étrangère : il faut plus encore ; il faut que cette foiblesse, apanage quelquefois dangereux des ames les plus belles, ne puisse pas même être devinée. L'Administrateur bien pénétré de ses devoirs gémira de la loi que lui impose une nécessité cruelle ; douloureusement froissé entre sa douceur naturelle et la force des événemens, il sera malheureux ; mais la raison soutiendra son courage : l'intérêt public lui ordonne l'inflexibilité ; il n'aura point à s'accuser de l'avoir compromis.

S'il en coûte à l'homme public, doux et modéré par caractère, d'employer par devoir des mesures fermes et rigoureuses, l'Administrateur auquel la nature a départi au contraire une certaine roideur, une espèce d'âpreté morale, n'est pas obligé dans d'autres instans à des efforts moins difficiles, à de moins pénibles sacrifices : quels combats ne doit-il pas soutenir ! quelles répugnances ne lui faut-il pas surmonter lorsque des considérations majeures le forcent de fléchir, ou d'immoler à l'intérêt public une portion de son autorité ! Il est cependant des momens critiques où la nature des choses lui fait de ce principe un devoir indispensable. D'abord il existe une règle générale en administration, et cette règle reconnaît très-peu d'exceptions qui la modifient ; c'est que le dépositaire du pouvoir obtiendra toujours de la souplesse et de la persuasion un résultat plus utile que de la rudesse et de l'inflexibilité. Mais outre cette loi universelle des convenances il en est de particulières que dicte la nécessité : plaçons ici quelques exemples, et appuyons ce principe sur quelques suppositions souvent réalisées. Que l'esprit public, égaré par des agitateurs, ou aigri par des circonstances malheureuses, oppose aux mesures de l'autorité une résistance coupable, mais presque générale ; que chaque acte de l'administration, sans être précisément combattu par une désobéissance formelle, soit cependant entravé par une malveillance dont l'Administrateur n'a point encore triomphé, il peut sans doute, armé du pouvoir dont il est investi, déployer dès le principe une sévérité qu'il croira nécessaire ; il peut livrer les coupables qu'il suppose au jugement des lois : mais ne réussira-t-il pas mieux par de douces représentations, par des raisonnemens affectueux à vaincre tous les obstacles? n'est-il pas au moins d'une prudence réfléchie d'essayer les moyens de persuasion, avant d'en venir aux mesures de rigueur, dont il ne dépendra plus de lui d'arrêter les graves et trop souvent désastreuses conséquences? Essayons encore un exemple à l'appui de notre système : une jeunesse irréfléchie aura, par un écart condamnable, porté quelques atteintes au bon ordre, et même au respect dû à l'autorité; l'Administrateur, dans le premier mouvement d'un caractère bouillant et emporté, sera disposé à venger sur-le-champ par des mesures de rigueur son pouvoir méconnu; l'amour-propre blessé lui présentera le bien public intéressé dans cette affaire; cependant qu'il donne à son imagination le temps de se refroidir; qu'il se rende à lui-même un compte impartial; il sentira combien d'avantages va lui assurer une modération sans faiblesse : il représentera aux perturbateurs l'inconvenance et le danger de leur démarche ; il les fera rougir à la fois et de leurs torts et de son indulgence ; il éteindra en eux, par une bonté noble, cet esprit d'insubordination qu'il lui aurait fallu un jour réprimer ; du moins il ne sera forcé de sévir que s'il voit ses représentations inutiles ; et la nature du cœur humain lui garantit que les regrets et la reconnaissance lui éviteront cette pénible nécessité.

Dans tous les cas il est un principe que ne perdra jamais de vue un Administrateur prudent, et qui doit être d'un grand poids dans la balance de ses déterminations ; ce principe est basé à la fois sur l'expérience et sur le raisonnement : c'est qu'il n'est point en administration de danger comparable à celui d'une mesure rétrograde. Rien ne décolore le pouvoir et celui qui l'exerce comme la nécessité d'un seul pas en arrière : elle dénonce à la malveillance ou légèreté ou faiblesse ; elle donne aux actes qui doivent être les plus réfléchis l'air de l'inconséquence ; elle avertit les subordonnés que leur chef ne tient que d'une main incertaine les rênes de l'autorité. La multitude, naturellement jalouse de toute espèce de supériorité, saisit avidement l'occasion de déprécier l'homme qui a sur elle un avantage dont elle est loin de connaître les pénibles compensations. Si la bonté la trouve presque toujours ingrate, si la sévérité l'aigrit, ni l'une ni l'autre au moins ne détruisent le prestige nécessaire à sa docilité : il n'en est pas de même du point de vue sous lequel se présente l'homme public forcé de reculer, sur la route dans laquelle il était entré ; outre le vague dont il enveloppe pour l'avenir les opérations de son ministère, il perd cette considération, cette espèce d'infaillibilité sous laquelle il faut qu'il échappe aux sophismes d'une fausse philosophie, et aux efforts de l'insubordination. Dès qu'il aura accoutumé les esprits à l'idée de son incertitude ou de sa faiblesse, c'est en vain qu'il voudra dans d'autres circonstances parler le langage du pouvoir, et ressaisir son autorité; il trouvera dans l'opinion publique une barrière insurmontable; la malveillance, encouragée par un premier exemple, en attendra audacieusement un second, et bravera ses menaces, assurée des nouveaux effets de sa pusillanimité. Enfin son administration désenchantée n'aura plus même les ressources de la crainte pour contrebalancer les obstacles du mépris.

C'est donc en considérant les inconvéniens auxquels il se trouve exposé, s'il est obligé de retourner en arrière, que l'Administrateur doit se convaincre de la nécessité où il est de n'adopter un parti qu'après l'avoir fait précéder d'un sérieux examen; qu'il envisage l'affaire sous tous ses points de vue; qu'il compare avec tout le sang-froid de la prudence les motifs de condescendance et les raisons de sévérité; qu'il mette entre ses réflexions et sa détermination tout le temps nécessaire : mais une fois décidé, qu'il le soit irrévocablement; que tous ses efforts, tous ses soins, toutes ses démarches tendent unanimement au même but, et marchent de concert; qu'il n'écoute ni les clameurs de la malveillance, ni les conseils de la peur, ni même les suggestions quelquefois insidieuses de l'amitié : les passions les plus naturelles, les goûts les plus purs, les craintes les plus légitimes, il doit en faire le sacrifice à ses fonctions, sous peine de les voir continuellement entravées.

En faisant à l'homme public un devoir

de se montrer ferme et immuable dans ses résolutions, nous ne prétendons pas qu'il doive persister dans des mesures dont l'expérience lui aura fait sentir le vice ou le danger ; il est des cas forcés où les principes les plus sûrs admettent quelques exceptions, et c'est à la raison, secondée d'un zèle ardent, à les déterminer : ils doivent, il est vrai, se trouver rarement applicables à des mesures générales et d'intérêt public ; un examen sévère et mûrement approfondi, le sang-froid d'une lente réflexion, les conseils d'une expérience éclairée, et surtout des principes fixes en cette matière, doivent presque toujours mettre l'Administrateur à l'abri de la nécessité d'un pas rétrograde : mais comme il ne peut donner aux affaires d'un intérêt particulier tout le temps que réclament celles du bien général ; comme dans ces sortes de cas les efforts de l'égoïsme et les piéges de la mauvaise foi concourent trop souvent à égarer son jugement et à ébranler ses principes, il échappe quelquefois à sa sagacité des décisions dont le temps seul lui découvre à la fois l'abus trop prolongé et les injustes conséquences. Il y aurait de son côté une présomption ridicule à se croire infaillible ; il serait injuste d'exiger de lui une perfection au-dessus de l'humanité. Lors donc que le temps et la réflexion l'auront averti d'une erreur de cette nature, quand il verra que, trop exclusif peut-être sur un principe, il s'est abusé dans son application ou dans ses conséquences, il serait absurde qu'il se trouvât arrêté par le péril que nous venons de lui signaler ; il doit au contraire, avouant avec franchise l'inadvertance échappée à sa précipitation, s'empresser d'effacer l'erreur involontaire dont une injuste malveillance pourrait seule à son tour lui faire un délit condamnable. Ce retour sur un acte individuel d'administration, loin de produire sur l'opinion publique cette funeste impression d'inconséquence, fruit d'une mesure rétrograde en matière d'intérêt général, lui conciliera au contraire la confiance de chacun de ses administrés : on verra sans inquiétude ses intérêts particuliers entre les mains de celui qui ne craindra pas de les venger aux dépens mêmes de son amour-propre, quand, par une fatalité quelquefois inévitable, il les aura compromis.

Mais, nous dira-t-on, si l'Administrateur ne peut sans danger revenir sur des mesures légèrement ou mal à propos adoptées que lorsqu'elles concernent seulement des intérêts particuliers, il faudra donc que de fausses mesures en matière de bien public reçoivent leur pleine et entière exécution, même après que l'expérience, ou une raison mieux éclairée, en aura démontré le vice et les inconvéniens? Non sans doute : à Dieu ne plaise que nous tirions des principes énoncés plus haut une aussi funeste induction! entre le danger d'une injustice et celui d'une mesure rétrograde le choix ne peut être douteux. Mais alors l'Administrateur doit se résigner aux suites inévitables d'une démarche irréfléchie; c'est à l'avenir à effacer l'impression défavorable que laissera quelque temps dans les esprits une première inconséquence; il aura désormais quelques préventions à guérir, quelques obstacles à surmonter; il faut qu'une administration moins légère le réhabilite aux yeux de ceux qui auront jugé son inexpérience avec sévérité : à force d'efforts il y parviendra sans doute; mais la difficulté même d'un pareil retour est un motif de plus pour l'homme public de soumettre chacune de ses déterminations à l'examen le plus froid, le plus impartial et le plus approfondi.

Mais à quoi serviront à l'Administrateur tous ces efforts constans, tous ces soins continuels, si l'effet en est détruit par ceux mêmes qui doivent être à la fois ses subordonnés et ses collaborateurs? Tels sont les devoirs délicats de l'homme public, que la société lui demande compte et du bien qu'il peut faire, et du mal qu'il peut empêcher, avec la même sévérité. Ce n'est pas assez qu'il soit ferme, prudent; qu'il réunisse personnellement toutes les qualités et toutes les vertus; il faut que tous ceux qu'il emploie marchent unanimement sur la ligne des mêmes principes. La machine immense de l'administration est trop compliquée sans doute pour qu'il entretienne par lui-même son mouvement continuel; mais rien ne peut le dispenser d'une surveillance journalière et rigoureuse; car si quelque rouage embarrassé vient à s'arrêter, si quelque ressort trop tendu finit par s'user ou se rompre, qu'il sache que l'opinion publique l'en rendra seul responsable. En vain il alléguera pour sa justification la négligence ou l'incapacité de ses agens; ces motifs mêmes deviendront ses accusateurs : c'est à la pureté des agens secondaires que l'on reconnaît celle du chef qui les a choisis. Si leurs travaux sont purs, et leur conduite sans reproches, c'est à l'Administrateur qu'une reconnaissance universelle en décernera tout l'honneur; mais s'ils compromettent ses opérations par des manœuvres lâches ou scandaleuses, fût-il absous sur sa renommée du crime d'une odieuse prévarication, il ne peut l'être jamais de la négligence la plus pernicieuse comme la plus criminelle.

Rien n'est donc plus important pour l'homme public, impatient de remplir ses nobles fonctions avec tout le succès dont elles sont susceptibles, que le choix des hommes sur lesquels il doit se reposer d'une partie de ses travaux. La première vertu qu'il doit rechercher en eux est, ainsi qu'il doit la posséder lui-même, une intégrité à l'épreuve de toutes les tentations, la plus incorruptible probité ; c'est sur eux que l'intrigue, ignominieusement rebutée par leur chef, viendra essayer de nouveaux efforts ; c'est à eux que seront tendus tous les filets de l'avidité, tous les pièges de la mauvaise foi. Si leur oreille n'est sourde aux offres les plus brillantes, s'ils ne sont inaccessibles à tous les genres de séduction, que deviennent les intérêts des administrés, et les résultats de l'Administrateur? Oserons-nous dire par combien d'exemples scandaleux ces derniers temps nous ont signalé les plus horribles prévarications ! Ici je vois un copiste obscur placé, par l'intrigue ou par le hasard, à la tête d'une partie importante de l'administration, vendre avec impudeur les actes les plus solennels de l'autorité : là se pavane avec complaisance un commis insolent, qui n'a répondu à la confiance de son chef qu'en la trahissant par des injustices accumulées journellement en son nom. Celui-ci, chargé des mesures d'une police naturellement soupçonneuse, en menace ou les applique au gré de ses inimitiés particulières ou de son avarice : celui-là dans la répartition d'impôts trouvés toujours onéreux n'admet ni renseignemens ni réclamations si le scandaleux présent d'usage ne les accompagne : un autre, modifiant à son gré l'appel impartial de la patrie, spécule impudemment sur le sang des braves qu'elle appelle à la défendre ou à la venger. Tous, nés dans une médiocrité voisine de l'indigence, étalent aujourd'hui dans le luxe d'une fortune usurpée les horribles trophées de leur immoralité.

Que revient-il de tant de turpitudes au chef qui semble les autoriser par une coupable insouciance? Un concert unanime de reproches, qui finissent trop souvent par se changer en malédictions. Qu'importe à la masse des administrés que celui qui les gouverne soit pur et sans reproches s'ils n'en éprouvent pas moins tous les effets de la plus désastreuse corruption? Que leur importent des talens et une intégrité que la sottise et l'immoralité des subordonnés rendent au moins inutiles? Rien ne peut empêcher les malheureux d'accuser des fléaux qu'ils éprouvent celui auquel ils se plairaient à rapporter toutes leurs bénédictions s'ils se trouvaient heureux.

Quelle marche suivra donc l'Administrateur jaloux de remplir dans toute leur étendue les devoirs de son ministère? Il exercera sur tous ses subordonnés la surveillance la plus active comme aussi la plus paternelle; il leur ôtera, en mettant à leurs travaux un prix convenable, la tentation de suppléer par de coupables moyens à l'insuffisance de ceux que leur accorderait à regret une pernicieuse avarice; il doublera ce prix par les égards dus à la probité; enfin il rendra en eux toute faiblesse criminelle, toute corruption inexcusable. C'est en assurant ainsi leur bien-être qu'il aura le droit d'appliquer à leur conduite la surveillance la plus délicate et la plus sévère; nul n'osera lui reprocher une excessive inflexibilité quand on le verra s'imposer à lui-même les lois dont il réclame la rigoureuse exécution. Malheur au subordonné qui donnera maintenant le premier exemple de vénalité ou de prévarication! l'intérêt public veut en être vengé sans pitié comme sans délai; il faut que ceux qui seraient tentés de marcher sur ses traces apprennent que la peine accompagnera infailliblement le mépris public dont ils seront accablés! il faut que le châtiment exemplaire du coupable soit pour les administrés un garant de l'incorruptibilité religieuse exigée de tous les autres! L'Administrateur reconnaîtra ici une de ces circonstances dans lesquelles la pitié serait une faiblesse, et l'indulgence un délit véritable.

Il est une autre qualité indispensable pour entretenir tous les ressorts d'une grande administration, et dont l'absence jette trop souvent l'homme public dans des embarras inévitables ; cette qualité, que nous avons vu négliger et presque décrier dans ces derniers temps, c'est une prudente et rigoureuse économie, non pas cette avarice sordide qui calcule sèchement des produits tantôt désastreux, tantôt imaginaires, mais cet ordre raisonné, cette sage distribution des moyens qui font trouver dans les circonstances impérieuses des ressources, où une folle prodigalité ne trouverait que l'impuissance et les regrets. S'il est de principe incontestable en matière d'intérêts domestiques que la fortune la plus imposante sera bientôt engloutie si un ordre rigoureux ne préside à tous les détails de son administration, combien cette règle n'est-elle pas encore plus justement applicable aux intérêts publics, nécessairement susceptibles d'opérations plus importantes et beaucoup plus compliquées ! Nous soumettrons donc la fortune générale au même système que les revenus particuliers ; sans doute il serait injuste que l'homme qui tient du hasard ou de son industrie une opulence considérable ne la fît pas refluer à la masse par des actes d'utile somptuosité ou de bienfaisance; c'est par de semblables moyens qu'il peut faire excuser la répartition capricieuse des faveurs de la fortune. Il en est de même des revenus publics, de l'emploi desquels l'Administrateur répond à la société qui lui en a confié l'honorable gestion; c'est pour mettre dans des établissemens de grandeur et d'utilité publique toute la magnificence dont ils sont susceptibles qu'il doit s'imposer dans les dépenses ordinaires la plus stricte et la plus sévère économie : qu'il ne craigne ni les murmures des esprits bornés auxquels doit échapper la grandeur de ses vues, ni les clameurs de l'intrigue qui espérait partager ses scandaleuses profusions. Sans doute les sots et les méchans l'accuseront à l'envi d'une basse avarice; peut-être sera-t-il quelque temps en butte aux reproches d'une prévention générale; mais lorsque le moment sera arrivé, quand des institutions libérales et des établissemens de bienfaisance viendront proclamer les motifs d'une conduite qu'on a légèrement appréciée, un triomphe si flatteur ne compensera-t-il pas avec avantage cette tempête passagère, dont les flots viendront se briser contre les monumens impérissables d'une grande et utile administration ? Dépositaires prudens des ressources de la patrie, mettez donc dans leur emploi toute la réserve qui peut s'allier avec la justice ; soumettez les dépenses journalières au calcul d'une rigoureuse économie ; bannissez de vos travaux ordinaires tout essai dispendieux, toute prodigalité inutile : mais lorsque vous vous occuperez d'assurer à l'indigent des secours, à la vieillesse un asile ; quand vous érigerez à la pitié publique ces demeures consolatrices où, pour l'honneur éternel d'un sexe, la souffrance s'adoucit sous les mains de la vertu et de la religion ; quand cette religion elle-même réclamera de vous un temple pour ses solennités ; quand il vous sera permis de consacrer aux arts un de ces monumens qui les immortalisent, dans tous ces cas ne connaissez d'autre borne que l'impossibilité. La profusion contre laquelle nous venons de nous élever devient une vertu; la magnificence est admise, elle est convenable, elle est nécessaire quand il s'agit des arts, de la religion et de l'humanité.

A ce mot sacré d'humanité, qui ne cessera jamais de retentir aux oreilles de l'homme sensible malgré l'abus qu'en ont fait de nos jours les partis les plus inhumains, nous ne pouvons nous empêcher de rappeler au zèle de l'homme public qu'il existe encore dans ce pays trop calomnié des amis ardens et des soutiens actifs du malheur : si le nombre en est trop rare pour subvenir à tous les besoins, pour fermer toutes les plaies, pour anéantir toutes les infortunes, peut-être en faut-il accuser moins cette insensibilité générale que nous reprochent des esprits chagrins que l'insouciance de certains Administrateurs à découvrir ces êtres vertueux, ou l'application indiscrète des produits de leur bienfaisance. Ce n'est pas tout qu'ils existent ces consolateurs de l'humanité ! il faut encore qu'un chef clairvoyant les découvre ; il faut encore qu'il leur garantisse un emploi conforme à leurs pieuses intentions ; car s'ils restent dans l'obscurité, à laquelle semble les vouer une modestie respectable, ils verseront en secret des secours qui tourneront bien au profit de quelques malheurs particuliers, mais resteront presque nuls pour les résultats généraux de l'administration; de même, s'il leur est démontré par des exemples scandaleux que leurs dons peuvent être détournés de leur destination véritable, ils renonceront à des sacrifices qu'il leur faudra bien reconnaître inutiles. C'est en évitant ces deux écueils que l'homme public parviendra à assurer des secours à l'infortune, à la souffrance des soulagemens et des consolations : eh ! quel est l'Administrateur vraiment digne de ce titre honorable qui ne préfère aux adulations suspectes de l'intrigue et de l'intérêt les bénédictions unanimes des malheureux et les larmes touchantes de leur reconnaissance ! Ah ! je ne crains pas de le proclamer ici sans restriction, la voilà la première, la plus respectable attribution des dépositaires de l'autorité ! Ne leur revînt-il plus, pour prix de leurs travaux, ni cette fortune qui les éblouit, ni cette considération qu'on accorde souvent à leur personne beaucoup moins qu'au pouvoir dont ils sont investis, dussent leur échapper ou ces flatteries insidieuses, piéges trop fréquens que l'on tend à leur amour-propre, ou ces respects forcés sous lesquels se déguise quelquefois la crainte qu'ils inspirent, si le malheur soulagé n'oublie jamais leur nom chéri dans l'expression de sa reconnaissance ; si dans l'asile de l'indigence on ne peut parler de leur administration sans rappeler leurs bienfaits, que peuvent-ils desirer encore ? est-il pour leurs travaux une plus douce, une plus auguste récompense ?

C'est dans l'heureuse perspective de ce prix de ses efforts que l'Administrateur trouvera cette émulation toujours croissante dont il a tant besoin dans sa pénible carrière ; les yeux toujours fixés sur le but qu'il doit atteindre, il ne les détachera jamais de la palme honorable qui doit l'y couronner. Fort de cette idée imposante, il s'élancera sans alarmes à travers les clameurs de la jalousie, les obstacles de l'égoïsme, et les froides résistances de l'insensibilité : son premier soin sera de découvrir ces êtres vertueux dont les mains, toujours ouvertes, doivent laisser échapper cette source bienfaisante dont il lui appartient d'étendre et de diriger le cours ; il respectera religieusement le secret de ceux dont la modestie réclame un mystère aussi honorable que leur charité même ; il entretiendra le zèle des autres par une encourageante publicité ; enfin tous les moyens avoués par une industrie bienfaisante il les emploiera pour assurer à la souffrance et au malheur une masse de secours proportionnée, s'il se peut, à celle de leurs besoins. Quand des rapports fidèles lui auront fait connaître l'étendue des ressources que met entre ses mains la bienfaisance ; quand il aura grossi ce trésor de l'infortune ou de l'utilité publique de tous les moyens que lui aura procuré une sage économie dans sa gestion, il s'occupera alors de cette prudente répartition, sans laquelle la source la plus abondante se dissiperait bientôt en une infinité de ruisseaux inutiles. Il assignera à chacune des branches de son administration la portion qui doit lui appartenir, et dans ce calcul de prudence il veillera à ce que rien ne soit détourné des tributs offerts par la pitié à l'indigence et au malheur. C'est ici que, les détails commençant à se subdiviser jusqu'à l'imperceptibilité, l'Administrateur peut laisser échapper le fil qui a dû jusqu'ici se dérouler dans ses mains. La nature de ses fonctions ne lui permet plus de diriger lui-même des travaux qui vont devenir minutieux : c'est à ceux que sa confiance a chargé de ces soins honorables à remplir avec une vertueuse émulation la tâche qu'ils ont acceptée ; et nous dirions que celle de l'Administrateur est finie s'il pouvait interrompre un instant cette surveillance qui lui est maintenant plus que jamais religieusement commandée. Nous l'abandonnerons pour ce dernier devoir à sa sensibilité ; elle le sauvera mieux que de froides dissertations d'un relâchement qui lui ôterait une jouissance et lui laisserait un remords.

C'est ici le lieu de s'arrêter sur une partie de l'Administration qui se lie naturellement à celle que nous venons de quitter, et facilite même les opérations qui y sont relatives ; je veux parler des travaux publics, dans lesquels la routine et le préjugé ne voient que les monumens d'un luxe ruineux, tandis que la raison y découvre les vues salutaires d'une sage philosophie. Ce n'est pas en accoutumant le pauvre à la paresse qu'il faut le soulager ; ce serait guérir un malheur par un vice, et la société souffrirait d'une telle métamorphose ; cette classe trop nombreuse, vouée par l'impossibilité de l'éducation à la bassesse des sentimens presque autant qu'à l'infortune, fera de vos bienfaits un usage inutile ou criminel si vous n'en dirigez l'emploi avec autant de soin que la répartition. La paresse, la débauche ou le crime consommeront sans fruit pour la société, si ce n'est pour son opprobre, les secours prodigués par la libéralité; et ces nobles sacrifices de l'opulence bienfaisante finiront par être nuls, s'ils ne deviennent pas dangereux. Versons donc sur l'indigence les bienfaits de la pitié, mais donnons-leur pour règle un sage discernement, et pour but l'utilité. Que des terreins stériles rendus à la culture, que des canaux ouverts à l'industrie et au commerce, que des routes multipliées, que des ponts, des aqueducs et des monumens soient les fruits impérissables de la bienfaisance publique : ainsi tourneront au profit général les malheurs particuliers; et puisqu'il n'est pas de puissance capable d'enchaîner les lois invariables de la destinée, on verra du moins par un seul et même moyen se grossir à la fois les sources de la grandeur publique, et se dessécher par degrés celles de l'infortune.

Nous croirions n'avoir plaidé qu'à moitié la cause de l'humanité si nous ne proscrivions ce scandale qui la fait trop souvent méconnaître, ce luxe toujours croissant qui menace d'engloutir dans un même gouffre et le patrimoine et la morale des particuliers. Une des causes de cette funeste émulation, sur laquelle semblent enchérir aujourd'hui toutes les classes de la société, est sans doute ce faste étalé par nos modernes Administrateurs, auxquels l'inexpérience et le préjugé en avaient presque fait un devoir; leur exemple a plus influé qu'on ne pense sur ce desir de briller, qui est devenu en France une véritable et désastreuse épidémie. Accoutumé à mesurer le degré des rangs sur une représentation dispendieuse, l'individu le plus borné a voulu acheter une considération aussi coûteuse qu'imaginaire ; un autre, éclipsé par celui qu'il surpassait en fortune, a voulu ressaisir cette supériorité dont il se croyait dépouillé : ainsi, de classe en classe et de prétention en prétention, le luxe a fondé sur la vanité commune l'empire le plus scandaleux. On dépense en bijoux, en toilettes, en ameublemens, en futilité de toute espèce la totalité et souvent le double d'un revenu sur lequel l'indigence prélevait autrefois la part qui ne peut plus lui appartenir. Que résulte-t-il de cette prodigalité générale ? Un relâchement absolu dans tous les liens de la société. Le commerçant, épuisé par des folies ruineuses, appelle à les réparer toutes les ressources de la mauvaise foi ; il les trouve encore insuffisantes, et descend par une honteuse faillite au dernier degré de l'infamie. Le propriétaire, accoutumé jadis à consommer en améliorations utiles cette fortune dont il paie aujourd'hui de futiles superfluités, néglige des travaux qui faisaient à la fois sa richesse particulière et l'opulence publique. Le magistrat, séduit par des exemples de magnificence qu'il prétend égaler, renonce à une incorruptibilité qui ne peut lui procurer ce funeste avantage. L'artisan lui-même, attaqué de la commune frénésie, enlève à l'établissement futur de sa famille des ressources qu'il dissipe sottement en caprices inutiles; tous, ridiculement prodigues pour la vanité, sont sèchement avares pour la bienfaisance. Ainsi s'émousse par degré le sentiment auguste de la pitié! ainsi se perdent sans être entendus les cris de la nature et de l'humanité!

Si donc il est possible d'arrêter un torrent dont la course est devenue si rapide, peut-être l'exemple d'un chef éclairé servira-t-il de digue à son débordement;

peut-être parviendra-t-il à faire prendre aux esprits une direction plus raisonnable en substituant la grace à la profusion, et une élégance délicate à la prodigalité. Ce n'est pas que nous prétendions interdire à l'Administrateur ce luxe pour ainsi dire politique, dont les circonstances lui font quelquefois un devoir inévitable ; il est des occasions solennelles où il nous semble au contraire ne pouvoir en être dispensé : qu'il emploie tout le faste d'une grande représentation à convaincre l'étranger de la grandeur du gouvernement qu'il représente ; qu'il célèbre par des fêtes brillantes les évènemens qui peuvent intéresser la gloire ou le bonheur de la patrie ; qu'il rappelle par des réjouissances à la mémoire de ses administrés les époques honorables de notre histoire ; enfin, que dans toutes les circonstances civiques ou patriotiques il représente avec tout l'éclat dont les localités peuvent être susceptibles ; c'est un de ses droits les plus beaux, c'est un de ses premiers devoirs. Mais dans le cours de sa représentation habituelle qu'il épargne aux yeux le scandale d'un luxe excessif ; qu'il soit réglé sans avarice, et noble sans profusion ; qu'il ne soit enfin ni au-dessous du rang qu'il occupe, ni scandaleusement au-dessus de ceux qu'il doit effacer par son faste beaucoup moins que par ses vertus.

En soumettant l'administrateur à des bornes quant à ces futilités, dont la profusion ne sert qu'à mettre sous les yeux des subordonnés un exemple dangereux, nous resserrerons encore ces limites, s'il s'agit de ces produits étrangers pour lesquels un engouement ridicule porte aux arts et à la prospérité de la patrie un préjudice véritable. Quel est donc cet esprit de vertige qui semble rassembler dans nos têtes légères les idées les plus disparates ? Une nation voisine inspire à la nôtre un sentiment de jalousie qui s'échappe par intervalles en animosité réelle, et par intervalles aussi nous lui empruntons ses modes, ses travers, et jusques à ses productions; nous lui sacrifions, par un caprice dont elle a trop souvent profité, les progrès de notre industrie, et les intérêts les plus précieux de notre commerce; il n'est pas jusqu'à nos habitudes sociales, jusqu'à ces moeurs douces et polies, qui rendent l'étranger tributaire de nos graces et de notre amabilité, que nous n'ayons essayé d'échanger contre ces formes sérieuses, contre cet isolement peu social qui constituent la nuance la plus prononcée de leur caractère. Estimons en eux les qualités qui sont réellement estimables; admirons dans ce peuple rival ce patriotisme désintéressé qui réunit tous les partis dans un seul et même sentiment dès qu'il s'agit du bien général de la patrie; respectons cette noble émulation de bienfaisance qui multiplie partout les établissemens utiles ou généreux; bénissons cette tolérance universelle qui fait de cette île hospitalière le refuge naturel des malheureux et des opprimés ; payons à son amour éclairé pour les arts un tribut sans restriction : mais craignons d'outrer un sentiment d'admiration qui pourrait bien être suspect s'il devenait général. En portant un œil impartial sur le tableau de la civilisation anglaise ne craignons pas d'apercevoir les taches qui le défigurent; reconnaissons pour les en accuser et cet orgueil exclusif qui ne leur permet pour les autres peuples qu'un mépris offensant, et cette insatiable avidité qui dévore en idée le monopole universel; apprécions à sa juste valeur ce machiavélisme qui se permet les moyens les plus injustes et les plus criminels, pourvu qu'il arrive à ses fins; proclamons à la face de toutes les nations ce système constamment suivi d'alimenter le feu des discordes étrangères, pour recueillir ensuite les débris de l'incendie : surtout n'allons pas, sous le prétexte d'une fausse magnificence, préférer des tissus peut-être un peu plus déliés, des métaux peut-être un peu plus raffinés, aux produits nationaux, d'ailleurs plus gracieux et plus élégans. Le luxe, nous le répétons, est la ruine des Etats et le fléau des mœurs; mais s'il faut composer avec la vanité, si le luxe ne peut, dans l'état actuel de notre civilisation, être proscrit sans réserve, n'oublions pas du moins que le seul excusable est celui qui donne une activité exclusive à l'industrie et au commerce de la patrie. Tels sont les principes qui assignent à un mal trop fortement enraciné pour être détruit tout à fait ses limites véritables; telles sont les considérations que ne perdra jamais de vue un Administrateur patriote dans l'étalage d'une représentation quelquefois nécessaire.

Il est cependant un genre de luxe que la raison ne saurait réprouver, que la grandeur publique justifie, et qui s'allie sans inconséquence avec cet état modeste dont nous venons de faire à l'homme public un devoir ; il est question des monumens des arts, auxquels il ne doit pas seulement des encouragemens, mais encore des modèles : qu'il rassemble donc, autant que le permettront les localités, les chefs-d'œuvre épars dans des collections incomplètes ; qu'il en forme un ensemble classique, un temple dans lequel l'artiste studieux ira surprendre les inspirations du génie, et préparer ces travaux qui font à la fois la gloire de leurs auteurs et celle de la patrie. Nous ne parlons pas de ces monumens uniques qu'il n'appartient qu'à un Gouvernement riche et libéral de rassembler à grands frais dans sa capitale, pour y mettre à une contribution volontaire la curiosité des amateurs étrangers ; de pareils établissemens intéressent la politique plus encore que les arts, et sont d'ailleurs au-dessus des moyens d'une administration particulière; mais après ces merveilles, qu'il n'est permis d'admirer que dans le sanctuaire même du génie, n'existe-t-il pas des ouvrages renommés auxquels leur réputation assigne un rang honorable au-dessus de la médiocrité? Chaque pays ne cite-t-il pas avec orgueil les artistes qui l'ont honoré, et les monumens qui les immortalisent? Ce sont ces différens modèles que l'Administrateur éclairé rassemblera sous les yeux du talent futur : l'émulation des artistes saura remarquer leurs défauts, et rechercher leurs beautés. Enfin si l'étude de ces monumens secondaires ne suffit pas pour dissiper en eux entièrement les ténèbres de l'ignorance ou de la médiocrité, elle éclairera leurs efforts des premiers rayons du goût; elle leur servira de degré pour s'élancer un jour, par la contemplation éclairée des chefs-d'œuvre, à toutes les hauteurs de la gloire et du génie.

En rendant ainsi aux beaux-arts l'hommage solennel de ses encouragemens et de son exemple l'Administrateur ne répandrait sur ses travaux qu'une partie de l'éclat qui peut un jour les immortaliser, si les sciences et les lettres n'obtenaient de sa surveillance et les mêmes soins et la même sollicitude. Il serait absurde de prétendre assujettir l'homme public à des principes invariables sur cette matière; c'est la mesure de ses ressources qui peut seule déterminer celle de ses obligations; il les a remplies dans toute leur plénitude lorsque des mesures analogues à l'étendue de ses moyens l'ont pu conduire à des découvertes utiles, lorsqu'il a fait tourner au profit de l'émulation publique les richesses scientifiques et littéraires, résultat précieux de ces découvertes.

Taudis que nous recommandons au dépositaire de l'autorité les vues libérales d'une grande et noble administration, nous ne pouvons oublier de lui signaler une des sources les plus abondantes de la prospérité publique. C'est en vain que l'inexpérience et l'esprit de système accumulent à l'envi les sophismes les plus erronés; en vain dans ces temps désastreux nous avons prétendu déguiser l'impuissance réelle de notre commerce sous la jactance de son apparente inutilité; il n'en reste pas moins démontré, aux yeux de la raison comme à ceux de la politique, que l'échange respectif des productions ou de l'industrie est pour le bonheur de tous les peuples le besoin le plus impérieux, la réciprocité la plus indispensable : c'est une des lois prescrites à notre orgueil par la nature que l'insuffisance mutuelle de nos ressources nous tienne les uns des autres dans une dépendance continuelle et nécessaire. Si, méconnaissant quelquefois ses plus véritables intérêts, une partie de la société veut briser le joug bienfaisant qui lui fut imposé, elle en est punie à l'instant par des privations qui la conduisent infailliblement à une misère absolue ou à des principes plus modestes et plus raisonnables. Bénissons cette loi salutaire de la nécessité qui fonde sur des besoins réciproques ces rapports de bienveillance universelle, qu'un aveuglement passager peut bien quelquefois interrompre, mais que notre intérêt nous empêchera toujours d'oublier irrévocablement. Un Gouvernement, jaloux d'assurer à son pays tous les genres de prospérité, regardera donc le commerce comme une des parties de l'Administration auxquelles il doit à la fois les encouragemens les plus libéraux et la plus puissante protection. Il exigera de ses mandataires qu'ils secondent de tous les moyens que mettent entre leurs mains le crédit et l'autorité les vues bienfaisantes qui l'animent; enfin ils faciliteront de concert cet échange continuel, sans lequel il n'est point de richesse publique, et par conséquent de prospérité véritable.

L'Administration ne parviendra pas à rendre le commerce florissant et utile sans rencontrer les obstacles dont l'intrigue et la cupidité essaient de temps en temps d'embarrasser sa carrière. Le premier, et le plus dangereux, est peut-être ce système, aussi injuste qu'impolitique, qui, sous le prétexte d'une rareté provoquée et souvent imaginaire, impose à la circulation des entraves presque toujours désastreuses. Qu'arrive-t-il de ses imprudentes restrictions? La concurrence, désormais impossible, arrête l'industrie dans toutes ses opérations; l'intérêt, dérouté dans ses calculs, cesse d'attirer à lui des produits dont il n'aura plus la libre disposition; ces objets, d'un échange devenu désavantageux, se concentrent dans la main de celui qui les possède, attendant pour en sortir des chances plus favorables : ainsi, la disette qui n'était que chimérique devient dès lors trop réelle, et le péril qui en résulte inévitable. Au lieu donc de ces entraves qui augmentent une rareté funeste, quand elles ne la font pas naître, donnez à une libre circulation l'activité la plus absolue, et reposez-vous sur l'intérêt particulier du soin de se procurer des objets sur lesquels il entrevoit un bénéfice probable ou assuré; réprimez la cupidité, qui abuserait d'un moment d'inquiétude pour soustraire à l'indigent le soutien même de son existence : mais laissez à l'industrie, qui doit l'alimenter, tous ses moyens; suppléez, s'il le faut, à une cherté momentanée, à laquelle il ne pourrait atteindre, par les ressources qu'ont dû mettre en vos mains les calculs de la prévoyance; et, dans les circonstances difficiles seulement, déjouez les intrigues d'un vil monopole par des opérations dont le crédit d'une sage administration et les efforts de la bienfaisance publique doivent toujours vous laisser la possibilité. C'est ainsi que le commerce, débarrassé des obstacles qui l'avaient passagèrement entravé, répandra de nouveau cette heureuse fertilité qu'il ne manque jamais d'apporter dans son cours.

Il est pour cette source de la prospérité d'un état une autre digue non moins funeste, qu'il appartient essentiellement à l'autorité locale d'attaquer et de rompre; je veux parler de cette fraude artificieuse qui, introduite par la cupidité dans certaines fabriques et manufactures, transporte à d'autres établissemens plus sages et plus délicats cette confiance précieuse dont elles se trouvent dépouillées irrévocablement. Quel échec inévitable ne doit pas éprouver le commerce d'un pays qui a donné à ses agens ou à ses consommateurs des exemples multipliés de fourbe et de mauvaise foi! L'un déguise sous un extérieur apparent des défauts internes, sur lesquels il sait que la confiance s'en rapportera à la probité qu'elle lui suppose: l'autre, au mépris des règlemens conservateurs du commerce, diminue la quantité des matières qui doivent entrer dans les résultats de son industrie: celui-ci, trompant l'œil de l'inexpérience, contrefait les signes d'une fabrique renommée, que son talent ne saurait égaler : celui-là, seul dépositaire des secrets d'un art quelconque, en altère sciemment les produits, pour leur ménager une consommation plus prompte, et par conséquent un débit plus considérable. C'est sur des abus et des délits de cette nature que doit être continuellement ouvert l'œil vigilant de l'Administration ; c'est en les réprimant avec sévérité qu'il assurera au commerce honnête un crédit que lui ferait bientôt perdre cette criminelle avidité si elle demeurait impunie. Et qu'on ne vienne pas nous objecter que la liberté dont nous venons d'investir le commerce et l'industrie s'accorde mal avec cette surveillance dont nous prétendons maintenant l'entraver ; qu'on peut s'en rapporter à l'intérêt des correspondans ou des consommateurs du soin de punir par un abandon mérité le commerçant coupable, convaincu de mauvaise foi ! Il suffit pour répondre à ces sophismes de leur opposer l'autorité des faits et les leçons d'une expérience universelle. Sans doute l'autorité serait dispensée de surveiller la loyauté du commerce et d'en réprimer les abus si la punition particulière du coupable ne devenait pas en même temps la perte générale ; si la ruine du crédit s'arrêtait personnellement à celui qui l'aurait compromis : mais une triste réalité nous démontre au contraire que le commerce est soumis à des lois d'une justice bien différente ; que telle ville que nous pourrions citer a vu s'évanouir au profit de tel autre pays une branche d'industrie que la fraude de quelques individus avait successivement décréditée; et qu'enfin la confiance une fois exilée est perdue sans retour.

L'Administrateur que l'expérience et la réflexion auront bien convaincu de l'importance de ces considérations n'hésitera donc pas à étendre l'œil de sa surveillance jusque sur des opérations qui sembleraient au premier coup-d'œil avoir le droit incontestable de s'y soustraire ; mais il sentira que cette surveillance, pour ne blesser en rien ni la liberté, ni la réputation des intéressés, doit être discrète et même inaperçue ; qu'il ne peut prétendre dans les actes individuels à aucune espèce d'influence, et que, s'il doit rechercher les délits pour les réprimer, il ne doit jamais apercevoir ni les fautes ni la maladresse.

Nous appellerons spécialement ici toute sa sévérité sur un scandale d'autant plus funeste, qu'une impudente immoralité l'a rendu de nos jours commun et presque indifférent. Quel est l'homme, s'il n'a pas renoncé à tout sentiment d'honneur, qui ne frémirait à l'aspect de la scandaleuse impunité, nous dirons presque de la protection révoltante ouverte à la mauvaise foi? Qui pourra réfléchir sans un sentiment d'indignation à la mollesse qui préside à l'exécution de lois encore insuffisantes quand elles seraient même observées dans toute leur sévérité ? Hé quoi ! le malheureux qui, perverti par la misère, a violé l'asile d'un citoyen pour lui dérober un superflu qui est pour lui le nécessaire, expiera par un châtiment mérité l'attentat dont il s'est rendu coupable envers la société ; et l'infâme, dont une faillite désastreuse pour vingt familles aura grossi le trésor abominable, rira dans le sein d'un luxe impuni du désespoir qu'il a fait naître ! Un frénétique, aveuglé par la vengeance ou la jalousie, aura porté une main homicide sur l'être qui l'opprime ou le déshonore ; il paiera justement de sa tête un instant de délire ; et le monstre qui, par un seul acte de fourberie, retourne froidement le poignard dans mille cœurs à la fois jouira du fruit de son crime avec impudence ! il boira dans des vases d'or le sang de ses victimes ! Espérons que la société n'aura pas à gémir long-temps encore d'une impunité aussi scandaleuse ; le retour aux principes d'une saine morale proscrira ces indignes ménagemens qui l'outragent et la compromettent : le malheur sera respecté ; mais le crime pâlira, et la vertu sera vengée.

En attendant ces résultats, appelés par la politique autant que par la justice, l'Administrateur ne saurait voir avec indifférence le désespoir accusateur des malheureux abusés, et l'insolence triomphante des spoliateurs. Les lois sont insuffisantes sans doute pour proportionner le châtiment des coupables aux pleurs qu'ils font répandre, à la juste horreur qu'ils inspirent ; elles existent cependant ces lois à demi répressives, et le crime pourrait redouter déjà leur incomplette sévérité si le plus souvent, interprétées par une mollesse insouciante, elles n'étaient appliquées par une fatale indulgence. La multiplicité des délits semble avoir diminué leur énormité; on s'est accoutumé à confondre le criminel avec le malheureux, et la mauvaise foi avec la maladresse. Certes, il serait injuste de flétrir ainsi qu'un vil scélérat l'honnête commerçant qui, jouet d'évènemens qu'il n'a pu maîtriser ni prévoir, abandonne à ceux qu'il a involontairement dépouillés les restes d'une fortune dont il ne se réserve absolument rien; il a des droits au respect, il a des titres à la pitié. Ne traitons pas avec beaucoup plus de sévérité celui dont l'inexpérience, entraînée dans des spéculations maladroites, a dissipé des fonds qu'une aveugle confiance lui avait abandonnés pour un usage plus utile; celui-là du moins, en mettant à découvert l'erreur de ses calculs, n'a point à rougir de la bassesse de ses intentions ; il réclame à la fois et l'indulgence de ses juges, et la pitié de ses victimes : mais que ces vampires de la société, qui ont fait de leur honneur et de la confiance de malheureux trop crédules un trafic abominable, échappent à la faveur de leurs rapines mêmes, à la vindicte des lois ; que les Magistrats chargés de les appliquer ne déploient pas sur ces fléaux de la morale publique tout ce qu'elles ont de plus inflexible, voilà l'abus intolérable dont la repression appartient au dépositaire de l'autorité : qu'il ne se lasse donc jamais de mettre sous l'œil des organes de la loi et le tableau de ces crimes trop communs et la nécessité toujours croissante de les réprimer ; qu'il stimule à la fois leur surveillance et leur sévérité ; qu'il contrebalance en eux une douceur naturelle par la perspective des maux futurs que la société pourra imputer à leur indulgence ; qu'il ne craigne pas enfin de dénoncer à l'autorité suprême une mollesse qui selon la gravité des circonstances serait ou l'oubli d'un principe nécessaire, ou une prévarication véritable. Il aura l'honorable inimitié de ceux dont sa fermeté déjouera les projets criminels; mais il obtiendra avec sa propre estime la reconnaissance des gens de bien et les suffrages de la vertu.

Ce n'est pas sans raison qu'en abordant le chapitre de ces considérations civiles et politiques nous avons été effrayés de l'immensité des devoirs qui attendent le sage Administrateur. Si nous avions eu le projet de les dérouler à ses yeux dans tous les détails dont ils sont susceptibles, l'impossibilité viendrait nous arrêter dans de pareilles prétentions ; il y aurait sans doute de l'orgueil à se croire au niveau d'une doctrine aussi universelle ; mais peut-être y aurait-il de la pusillanimité à éluder tout à fait un travail que nous avons rendu plus facile en le généralisant. Ce n'est donc pas en avançant dans la carrière qu'un lâche découragement viendra ralentir notre marche et paralyser nos efforts. Nous poursuivrons des essais qui ne peuvent être dangereux quand ils seraient tout à fait inutiles, et nous reposerons sur un patriotisme indulgent du soin de juger ce qu'un patriotisme zélé nous a seul conseillé d'entreprendre.

C'est en vain qu'après avoir élevé sur les bases d'une administration libérale l'édifice de la prospérité publique un gouvernement se flatterait de ne pas voir s'écouler bientôt un si bel ouvrage s'il venait à manquer des moyens journellement nécessaires à son entretien. Un principe que malheureusement l'expérience consacre tous les jours avec plus d'évidence, c'est qu'il n'est point de ces moyens véritables sans le signe métallique ou représentatif qui les réunit tous : or, la source unique où le gouvernement peut puiser ces revenus que l'état actuel de la société lui rend indispensables, est celle des tributs exigés proportionnellement des fortunes particulières pour l'établissement et l'entretien journalier de la fortune générale. Les murmures de l'égoïsme et les cris de l'intérêt seraient bien vite étouffés s'ils réfléchissaient un instant qu'ils achètent par de modiques sacrifices la protection des lois et le maintien de l'ordre, sans lesquels n'existeraient plus ni cette fortune publique, à laquelle ils restent sottement indifférens, ni ces fortunes particulières, qui en sont à la fois l'aliment et la conséquence. La rentrée de ces contributions, que devrait s'empresser d'acquitter l'intérêt bien entendu de chaque citoyen, sera donc pour l'homme public un soin aussi intéressant qu'un devoir indispensable ; il verra dans cette partie de ses travaux le nerf sans lequel tout le reste de son administration languirait menacé d'une paralysie totale, ou d'une molle atonie ; il tâchera d'éviter dans leur perception et cette rigueur exagérée qui donne le droit de les haïr, et cette lenteur excessive qui les fait souvent éluder. C'est ici qu'il n'est plus pour ainsi dire de détails au-dessous de sa surveillance ; il lui faudra rechercher les renseignemens les plus surabondans, écouter les rapports les plus minutieux, s'il veut ainsi qu'il le doit, prévenir ou réprimer toute inégalité dans les formes, tout arbitraire dans la répartition. Surtout que la quotité respective de l'impôt ne soit pas la mesure du degré de sévérité avec lequel on viendra l'exiger ; qu'une fermeté sans rigueur prématurée rappelle également son devoir à l'utile millionnaire qui remplit les coffres de l'état, et au modeste citoyen qui fait d'un tribut plus léger le même hommage à sa patrie ; tous deux concourent à la prospérité commune par des sacrifices qui, également proportionnés, sont néanmoins pour l'indigent beaucoup plus onéreux. Si donc il est possible d'accorder quelques adoucissemens ou quelques délais, ils sont dus de préférence à celui qui prend sur un médiocre nécessaire la part que l'autre prélève aisément sur un superflu qui serait peut-être scandaleusement employé ; mais une parfaite égalité sera toujours la méthode la plus avantageuse comme la plus juste, celle qui préviendra à la fois les réclamations importunes de l'opulence et les murmures trop fondés de la pauvreté. Au surplus, dans toutes ces opérations le devoir d'un Administrateur ne peut être, ainsi que dans beaucoup d'autres parties, qu'un devoir d'active surveillance et de sollicitude minutieuse : c'est à ceux auxquels l'autorité suprême a confié les soins de la recette et de la répartition à leur appliquer les principes dont nous venons de parler; mais c'est au chef de l'administration qu'il appartient d'en vérifier l'ensemble, et d'en surveiller les détails. L'intérêt de la justice et celui des administrés, l'impartialité que lui impose le ministère qu'il remplit, les embarras qu'il doit éviter dans des opérations dont le gouvernement attend ses moyens et ses ressources, tout lui fait de cette surveillance une loi de rigueur qu'il serait absurde de méconnaître, qu'il serait inexcusable d'enfreindre.

Il est une autre partie de l'Administration qui embrasse tous les objets, qui est de tous les instans, et que l'homme public n'abordera jamais sans une extrême circonspection; je veux parler de l'ensemble de ces opérations qui, ne pouvant être déterminées par aucun principe positif, et prescrites par aucune loi, constituent sous le nom de police une administration préservatrice toute particulière. Sans doute il nous serait impossible de toucher une corde aussi délicate sans réveiller de tristes souvenirs, sans rappeler de funestes préventions; mais aussi comment en faire l'objet de nos méditations sans y reconnaître la puissance qui fait pâlir le crime, le refuge consolateur de l'innocence, et l'égide permanente de la société? Si quelques Administrateurs, égarés par de faux principes, ont mis à la place de la vigilance qui prévient les crimes cette rigueur inflexible qui, non contente de les découvrir, en forge quelquefois d'imaginaires; si pour prix de leur sévérité ils n'ont recueilli que la haine sans rien ajouter à la sécurité publique, il en est qui, tels que les Sartines, et d'autres plus modernes, que les convenances nous défendent de nommer, ont été la terreur anticipée du crime qu'ils rendaient impossible, ont pourvu à la conservation de la sûreté particulière par la sûreté générale, et tout en faisant concourir à leur but un arbitraire souvent indispensable, n'en ont jamais abusé contre les droits reconnus de l'humanité. Ce sont ces derniers que nous offrirons à l'émulation de l'homme public pour guides et pour modèles. Mais comment sont-ils parvenus à ces résultats précieux pour la société sans être désavoués par la philosophie? En adoptant pour maxime constante, sauf les exceptions inévitables dans son application, la nécessité de surveiller plutôt que le besoin de punir, en préférant dans l'exercice de leur ministère les soins invisibles de l'adresse aux formes tranchantes de l'autorité, enfin en déguisant autant que possible, sous les formalités légales des décisions commandées souvent par la seule nécessité. La police est dans la machine administrative le rouage dont le mouvement doit être à la fois le plus actif et le plus caché : s'il s'arrête un moment tout est paralysé ; bientôt il est rouillé lui-même s'il agit trop à découvert.

D'après ces principes l'Administrateur, sans jamais se dispenser de diriger lui-même l'ensemble des opérations ne mettra le dépôt des détails qu'entre des mains pures et expérimentées ; il prescrira pour règle première à ses agens cette utile discrétion qui recherche le crime sans alarmer l'innocence; non ces éclats d'un zèle aveugle qui, en inquiétant l'homme de bien, donnent l'éveil au coupable, et l'investissent des moyens d'échapper. Il faut que la police, cette seconde providence de la société, en faisant sentir à tous sa protection tutélaire, ne fasse entrevoir ses coups qu'à ceux qui doivent en être frappés ; il faut, quand le méchant ne l'envisage qu'avec terreur, qu'elle soit un objet de confiance pour l'homme de bien ; que le premier la connaisse par sa sévérité, et le second par ses bienfaits. Sans ces résultats libéraux la police ne fera jamais excuser la crainte qu'elle inspire, et la société, frustrée d'une sécurité qui devrait être son ouvrage, gémira sous le poids d'une inquisition aussi arbitraire qu'inutile.

Un des points les plus importans, celui dont les conséquences sont plus graves que dans aucune autre partie de l'Administration, c'est, après le choix des agens sur lesquels il faut bien que l'autorité se repose de ces soins délicats, le degré de croyance qu'elle doit ajouter à leurs rapports journaliers ; car si, d'après un principe qu'il serait injuste cependant de trop généraliser, il est parmi ces agens, malheureusement trop nécessaires, un plus grand nombre d'investigateurs intéressés que de rapporteurs impartiaux et véridiques, il serait aussi condamnable de leur accorder une confiance irréfléchie qu'il serait dangereux de la leur refuser tout à fait : c'est donc à la sagesse de l'Administration à vérifier les faits qui lui sont exposés ; elle appréciera avec le sang-froid de l'impartialité la gravité des circonstances, la véracité des dépositions, et réglera sur cet examen la nature de ses déterminations. L'agent qui se sera permis un rapport infidèle sera sévèrement réprimé ; car il aura exposé l'honneur ou la sûreté d'un citoyen ; et plus il avait de part à la confiance de son chef, plus il est criminel de l'avoir compromise. Lorsque d'un rapport intéressant la morale ou la sûreté publique il résultera contre un individu, quel qu'il soit, un soupçon ignominieux ou défavorable, il serait imprudent de mettre dans les mesures qu'il prescrit une lenteur dangereuse ; il serait barbare d'y apporter une excessive précipitation. L'Administrateur commencera par rassembler toutes les circonstances favorables ; il vérifiera scrupuleusement et sans délai tous les indices qui peuvent mettre au grand jour l'innocence injustement soupçonnée; car, si ce premier examen le conduit à la découverte de l'erreur ou du crime de ses agens, il ne peut trop tôt rendre à la justice sa balance, et tous ses droits à l'infortune. Si par sa naissance et son éducation l'individu compromis est au-dessus d'un dédommagement toujours incomplet, l'autorité ne lui devra que l'expression de ses regrets ; il sentira le premier que des erreurs de cette nature sont quelquefois inévitables, et fera un sacrifice de résignation à l'intérêt général : mais si l'objet d'un funeste malentendu se trouve dans cette classe trop nombreuse où la misère vient ajouter à toutes les infortunes un nouveau degré d'intensité ; si une famille sans ressources a souffert des soupçons répandus sur son chef; si, matériellement réparée, l'erreur doit encore influer longtemps sur le malheureux qui en fut la victime, rien ne peut le frustrer d'un dédommagement pour lequel il rassemble tous les droits de la justice, tous les titres du malheur, toutes les recommandations de la pitié. Eh! qu'on ne vienne pas nous objecter, pour méconnaître une dette aussi sacrée, que l'autorité ne pourrait suffire à toutes les réclamations de cette nature s'il les lui fallait accueillir! outre qu'une obligation ne peut se trouver éteinte par la difficulté de l'acquitter ; outre que la fortune publique ne saurait se soustraire à une charge que ne pourrait éluder la fortune privée la plus ordinaire, la nécessité même de cette réparation est un stimulant de plus pour la surveillance de l'homme public, intéressé à ne pas multiplier ainsi les charges déjà trop onéreuses de son administration.

Après avoir parlé des obligations d'une police libérale envers l'innocence injustement soupçonnée, osons dire un mot des délits découverts par ses agens, et reconnus par elle malheureusement véritables : il en est de différentes espèces, et leur repression nécessite aussi une conduite différente; les uns, prévus par des lois positives, sont du ressort des tribunaux ordinaires; les autres, échappés du sein des factions et des orages des circonstances, compromettent la sûreté publique par des moyens qu'il serait dangereux de dévoiler, et le plus souvent d'ailleurs il n'est point de loi fixe qui leur soit applicable : les premiers ne peuvent causer au chef de l'administration ni embarras ni sollicitude; quand il a rendu à la société le service heureux de les découvrir, il les abandonne aux tribunaux qu'elle a chargé d'en poursuivre en son nom la vengeance, et son ministère est rempli. C'est à l'égard des autres délits que sa juridiction, plus étendue, rend sa tâche plus difficile : c'est là qu'à défaut des lois positives qui ne peuvent suivre l'intrigue ou le crime dans tous leurs détours, il faut bien qu'une autre puissance, nécessairement un peu arbitraire, soit contre leurs atteintes l'égide tutélaire de la société. L'arbitraire ! à ce mot, que nous prononçons à regret, il n'est pas un ami de l'ordre et des lois qui ne se sente frappé d'une terreur invincible autant qu'involontaire : qu'il se rassure cependant ; ce pouvoir qui lui paraît dangereux il le bénira si des mains pures en sont les dépositaires. Combien de délits, voilés d'une ombre que leurs auteurs croyaient impénétrable, eussent échappés aux rayons de la justice, et n'ont pu tromper les yeux toujours ouverts d'une autre puissance ! Ce n'est pas dans l'état actuel de notre civilisation, entre les vastes limites d'un puissant royaume, au milieu des efforts de l'intrigue, des calculs de l'avidité, des piéges de la mauvaise foi, que la sécurité publique peut, dans toutes les circonstances, se contenter des formes lentes d'une procédure ordinaire; la société serait souvent menacée, la morale outragée, le bien public compromis avant que Thémis eût saisi sa balance, et préparé ses coups; il faut donc dans certains cas prévenir par une fermeté prompte les inconvénieus de la lenteur, et les dangers d'une excessive circonspection; il faut qu'une Providence invisible atteigne comme l'éclair et frappe comme la foudre. Mais ce pouvoir à l'abri des voiles du secret et de la licence de l'arbitraire deviendrait bientôt un despotisme intolérable sans la responsabilité de celui qui l'exerce, sans le pouvoir suprême auquel il en doit référer. Que l'Administrateur, investi de cette redoutable portion de l'autorité, ait donc toujours devant les yeux le compte sévère qu'il n'en peut éluder; qu'il soit toujours prêt à motiver, par la gravité des circonstances, par l'empire irrésistible de la nécessité, les opérations de sa police et ses mesures extraordinaires; qu'il ne fonde que sur le silence de la loi l'absence forcée de son intervention; qu'il ne donne jamais à cet exercice arbitraire du pouvoir une durée plus longue que les circonstances qui l'ont nécessitée; enfin que par le règne ordinairement invariable des lois il fasse pardonner à son administration d'avoir mis quelquefois le salut public au-dessus des lois mêmes.

Si parmi les détails d'une police sage et vigilante il en est dans lesquels le dépositaire du pouvoir doit apporter à la fois promptitude et sévérité, il en est aussi qu'il ne saurait traiter avec trop de ménagemens et de circonspection; nous appliquerons surtout ce principe à une des attributions de l'homme public, qui n'a été dans ces derniers temps ni la moins importante, ni la moins difficile; à cette direction de l'esprit public, qu'ont voulu successivement concentrer en eux seuls tous les partis, dont ils ont prétendu tour à tour faire l'appui de leur règne éphémère, et qui ne devrait appartenir jamais qu'au patriotisme le plus pur et le plus désintéressé. Sans doute cette partie de l'Administration est peu importante, elle est même presque nulle dans le calme des temps ordinaires; le respect des lois fortement enraciné, l'habitude de la subordination, l'autorité des anciens souvenirs, et jusques aux préjugés, s'il en est en matière d'anciennes institutions, tout garantit à la fois les esprits et de ce raisonnement subtil qui décompose les principes en les analysant, et de cette indocilité qui les méconnaît : mais lorsque du choc de toutes les passions sont nés tous les excès ; lorsque dans le volcan de toutes les imaginations se sont élaborés les systèmes les plus hardis et les plus désastreux; quand la manie des innovations a porté au corps politique tous les coups à la fois ; lorsqu'enfin, au sortir de ces agitations, le raisonneur le plus absurde se croit un d'Aguesseau, et le moindre commis un Colbert, quelle adresse ne faut-il pas pour rendre le calme aux idées, et ramener les esprits sur la route d'une utile subordination! de quel tact n'a pas besoin l'Administrateur pour rappeler les subordonnés au respect trop oublié de l'autorité! Ce n'est point par une importance affectée, avec une dignité froide et orgueilleusement calculée qu'il y pourra parvenir; c'est en donnant à tous les actes de son administration ce caractère noble et libéral qui en impose aux plus superficiels; c'est en dévoilant par une conduite sage et toujours conséquente les grandes vues qui l'animent; c'est en marchant d'un pas toujours suivi vers les résultats utiles qu'il fera rejaillir sur le gouvernement dont il est le ministre ce respect qu'il aura personnellement inspiré. Ainsi il donnera aux esprits cette direction bienveillante sans laquelle un gouvernement voit sans cesse obstruer sa marche et entraver ses opérations.

Surtout qu'il évite un écueil que ces derniers temps n'ont que trop signalé; qu'il se garde de tourmenter l'esprit public en voulant le diriger; qu'il n'imite pas certains philosophes prétendus qui, sous le prétexte ambitieux d'attirer à l'autorité le respect le plus entier, l'obéissance la plus rigoureuse, ont cru devoir tyranniser jusques à la pensée. Autant il peut être utile de conduire les subordonnés par une pente insensible vers cette confiance et cet abandon qui constituent ce que nous avons généralisé sous le nom d'esprit public, autant il serait dangereux de prétendre les y entraîner par une descente escarpée, au bas de laquelle est le précipice, qui finirait par tout engloutir. Tâchez donc d'assurer au gouvernement de nombreux partisans; faites valoir aux yeux des administrés les mesures libérales dont il vous confie l'exécution; dissimulez autant qu'il est possible les actes sévères que commande la nécessité; exagérez, on vous l'accorde, avec un peu de complaisance le bienfait des unes; glissez avec un peu d'adresse sur la rigueur des autres; enfin gagnez par tous les moyens compatibles avec la justice des esprits à l'autorité et des cœurs à la patrie : mais gardez-vous de compromettre les intérêts du gouvernement par une inquisition dont la sévérité même ferait bientôt le danger ; faites-lui des amis, et non pas des esclaves ; que chacun l'investisse, s'il se peut, d'une confiance et d'une affection volontaire ; mais que nul ne soit responsable de ses préventions tant qu'il les tient oisives dans sa pensée : c'est à la sagesse de votre administration plus qu'à la rigueur de vos injustes recherches qu'il appartient de les détruire.

C'est peut-être ici le lieu de parler de cette puissance irrésistible dont l'autorité suprême met la disposition délicate entre les mains de ses mandataires pour protéger les opérations de leur police, et faire exécuter celles de leur administration ; de cette force armée dont abusent les caractères durs ou passionnés ; que n'emploient jamais les dépositaires d'un pouvoir faible ou timide, et à laquelle a recours sobrement un Administrateur tout à la fois ferme dans ses décisions et mesuré dans leur exécution. C'est en vain qu'un chef d'administration, investi de la confiance de son souverain, y répondrait par toutes les qualités qui la justifient; en vain il posséderait et les lumières les plus étendues et le zèle le plus inviolable; si, lorsqu'il a dissipé toutes les préventions par sa sagesse, il ne peut par la force triompher de la résistance et vaincre l'indocilité, s'il ne peut étouffer dans leur germe les révoltes du crime et les efforts de la désobéissance; il n'apporte à ses travaux qu'un zèle superflu et des lumières inutiles. Tel est le danger d'une autorité sans force et d'une puissance entièrement désarmée. Il est donc nécessaire, pour l'intérêt même des administrés, qu'une force suffisante soit dans les mains de l'Administrateur le nerf de ses opérations et le garant de son autorité; il faut que les mesures prescrites par l'intérêt général, s'il ne peut les obtenir de la confiance et de la subordination, il les arrache malgré lui par la contrainte. Mais plus sont imposantes les forces que le chef de l'Etat est obligé de mettre à la disposition de ses mandataires, plus il importe que leur sagesse réponde de l'usage auquel ils les doivent employer; car si le dépositaire du pouvoir appuie son despotisme particulier des moyens qui ne lui sont confiés que pour le maintien de la sécurité commune; s'il fait de la force nationale l'instrument de rigueurs arbitraires; si la masse des subordonnés voit toujours l'appareil militaire qui la menace, et jamais celui qui la protège, la société n'aura dans son chef qu'un indigne oppresseur, et dans ses satellites quelques tyrans de plus. Une erreur que la difficulté des circonstances et les fureurs successives des partis ont rendue trop commune en administration, c'est que l'autorité civile ne saurait être trop immédiatement appuyée par l'autorité militaire. Cette maxime a pu être avancée par le despotisme, et sanctionnée par la bassesse dans ces pays malheureux où une population méprisée courbe aveuglément la tête sous un joug dont elle ne soupçonne même ni l'existence ni la stupidité; mais dans cette partie du monde si heureusement nourrie des fruits de la civilisation, dans cette belle France où se perpétue entre le Prince et les sujets une si touchante rivalité de bienfaits et d'amour; dans ce pays privilégié où l'autorité d'une confiance réciproque rend presque toujours celle de la force inutile, un pareil principe, fût-il même véritable, de combien de modifications ne serait-il pas susceptible dans son application ! Outre que l'homme sensible fera naturellement une énorme différence entre l'obéissance forcée et la docilité volontaire, quel est l'Administrateur éclairé qui, pour le bien même de ses opérations, ne préférera toujours cette subordination libre et expansive, qui même se répand quelquefois en discours irréfléchis, à cette soumission basse et impatiente que la contrainte entretient, qui s'évapore sourdement en murmures, et qui n'attend qu'une circonstance favorable pour s'évanouir tout à fait ? L'une est une flamme légère qui brille sans consumer, l'autre est un feu mal couvert qui couve sous la cendre et recèle trop souvent un vaste incendie : de la différence bien établie entre ces deux sortes d'obéissance, il résulte évidemment que la force armée est, dans une Administration bien entendue, plutôt l'appareil imposant du bon ordre qu'un principe réel de sévérité; que son emploi même le plus sage devient nécessairement funeste, et que s'il compromet l'autorité locale dans sa popularité, il n'est pas moins nuisible au pouvoir suprême, toujours accusé de l'avoir réclamé.

Ce n'est pas cependant que nous prétendions faire de ce principe une règle assez générale pour n'admettre aucune exception; sans doute il est des circonstances malheureuses où l'emploi de la force est non-seulement autorisé, mais où le salut public et la justice même en font également un devoir, et cette obligation ne regarde pas moins alors l'autorité suprême que l'administration locale particulière. S'il peut nous être permis d'invoquer à l'appui de ces considérations des évènemens désastreux et des souvenirs déchirans, de quel crime serait vierge encore notre belle patrie! quels pleurs elle eût versés de moins si son chef, surmontant les répugnances d'un trop noble caractère, eût fait céder une fois aux conseils de la justice les inspirations de la bonté; si, lâchement menacé par des enfans ingrats, il eût déployé contre eux cette force préservatrice dont il était investi! Mais détournons nos regards de ces horribles tableaux; nous ne pourrions effacer ces traits de honte et de douleur, et ce n'est point d'ailleurs à l'autorité suprême que nous prétendons adresser des leçons. Retournons à l'administration particulière qui lui est elle-même subordonnée; et si dans la circonstance dont il s'agit l'autorité des exemples est plus efficace que celle des raisonnemens, armons-nous d'un de ceux qui, en alarmant la patrie, ont honoré le plus un de ses enfans.

Et vous aussi vous existeriez encore, Magistrat vertueux, modèle admiré de zèle et de dévouement! nous vous verrions encore éclairer une de nos cités par vos lumières, et l'honorer par vos vertus, si cette confiance, apanage des ames nobles, ne vous eût aveuglé sur les embûches de la perfidie et de la scélératesse; si, moins confiant dans la pureté de vos intentions, vous n'eussiez négligé des moyens militaires que la patrie mettait entre vos mains, et dont son intérêt même vous conseillait l'usage! Mais il n'appartenait qu'à la voix de la pitié de faire taire en vous celle de la prudence; vous n'avez pu vous résoudre à repousser par la force un danger qui ne menaçait que vous seul: vous aviez entendu les cris des forcenés; vous les avez affrontés sans les désarmer, et vous êtes tombé victime civique du zèle et de l'humanité! Permets, ombre généreuse, que je retrace à la mémoire de tes concitoyens tes vertus, tes services, et tes droits au respect de la postérité! Oui, en attendant que ton pays reconnaissant grave ton nom sur l'airain, et t'élève enfin des statues, (1) je rappellerai ta vie honorable, et ta mort plus glorieuse encore ; je dirai comment tu finis sous les coups du crime une carrière illustrée par toutes les vertus, et comment cette fin même fut encore un acte de ton éternel dévouement. Cette digression apparente ne sera

---

(1) On pourrait s'étonner que la ville de Troyes n'ait point encore érigé de monument à la mémoire de son vertueux maire si l'on ne savait combien les circonstances ont dû entraver l'exécution d'un pareil projet ; mais nous avons droit d'espérer que cette dette ne tardera pas à être acquittée : il appartient à celui de ses successeurs qui a signalé les jours critiques de son administration par des actes de dévouement aussi héroïques que multipliés, de faire au patriotisme de ses administrés un appel qui ne peut manquer d'être promptement et généralement entendu.

point un écart, puisqu'en célébrant un héros cher à sa patrie j'aurai montré la nécessité de faire intervenir quelquefois la force où échouent les tempéramens de la prudence et de la circonspection.

Claude Huez, maire de Troyes en 1786, fut un des hommes les plus instruits dans la science difficile et presque entièrement ignorée du droit public. Ses connaissances et ses lumières l'avaient fait appeler par le Monarque à l'assemblée des notables tenue à Versailles en 1787 : attaché de cœur et d'opinion aux principes de la Monarchie, il eut souvent à lutter contre les sophismes des factieux, qui déjà préludaient au renversement du trône, et bientôt il se vit personnellement en butte à leurs fureurs. Ils essayèrent cependant d'en faire un prosélyte avant que d'en faire impunément leur victime : promesses insidieuses, caresses intéressées, menaces effrayantes, tout fut employé pour vaincre sa résistance et ébranler sa fidélité. Huez, toujours impassible et toujours dangereux, répondait à leurs sophismes en les réfutant, à leurs manœuvres en les démasquant. Toujours sur la brèche, il épiait toutes leurs ruses, devinait tous leurs projets, déconcertait toutes leurs opérations. L'intrigue le trouvait par tout pour la dévoiler, le régicide pour le terrasser. Enfin fut agitée au sein de l'assemblée cette fameuse question pour laquelle les ennemis de la Monarchie semblaient avoir rassemblé toutes leurs forces, ce VETO, seule ressource du trône contre les factieux qui avaient juré de l'avilir : c'est là que le fidèle serviteur de son Roi proportionna ses moyens de défense aux fureurs de ses adversaires ; c'est là qu'il fit briller à la fois cette dialectique qui aurait dû les confondre, et cette éloquence qu'ils étaient forcés d'applaudir; c'est là qu'il reçut de la reconnaissance royale un gage (1) qui ne fit qu'irriter l'envie, et hâter l'arrêt de sa perte. Enfin fut dissoute cette funeste assemblée que devait suivre bientôt une assemblée plus funeste encore. Huez revint dans sa patrie gémir sur des dangers que n'avait pu repousser son courage : il y jouit quelque temps encore des élans de l'admiration publique et du respect dû à ses vertus; mais les implacables ennemis d'un trône déjà condamné n'avaient pas oublié que souvent il les avait contraints de rougir; ils savaient que dans toutes les circonstances ils le trouveraient devant eux pour déjouer leurs complots régicides; ils

(1) C'est dans cette circonstance qu'il reçut de l'infortuné Louis XVI une montre et une chaîne enrichies de diamans comme un gage de son estime et de sa satisfaction.

le savaient!... Dès lors la perte de l'homme de bien fût jurée, et pour la perversité l'intervalle n'est pas long du projet à l'exécution : déjà des bruits sourds et menaçans annonçaient la tempête ; déjà dans ces conciliabules ténébreux, où l'audace du crime insultait à la faiblesse d'un gouvernement qui le tolérait, on annonçait le jour, l'heure fatale où devait se consommer ce perfide attentat. Tout avait été disposé; la victime était désignée, et le crime était sûr. Des subsistances avariées avaient été conduites à Troyes; on les laissait en plein air, exposées à toutes les intempéries qui devaient achever de les aigrir; d'affreux émissaires, arrivés de la capitale, excitaient le peuple à la révolte : ils lui représentaient comme un empoisonneur le magistrat zélé qui l'aurait nourri de son sang. Mais le peuple connaissait son vertueux chef; il ne répondait ni aux largesses de la séduction, ni aux clameurs de la scélératesse : il fallut que les chefs de cette entreprise infernale vomissent de nouveaux auxiliaires. Plusieurs jours encore se passèrent en imprécations et en menaces : Huez, toujours inébranlable, ne s'aveugla point sur l'imminence du danger, et n'en continua pas avec moins de zèle l'exercice de ses nobles fonctions. Je suis, répondait-il à ceux dont l'amitié craintive lui conseillait de fuir, je suis en ma qualité de maire le protecteur, le défenseur de mes concitoyens : si la peste était dans la ville me conseilleriez-vous de m'éloigner lâchement pour me soustraire à la contagion? Ou je les sauverai des fureurs de ceux qui les égarent, ou je périrai leur victime. Enfin, le 9 septembre 1789, jour d'un deuil éternel pour sa patrie, une masse abominable se porte en blasphémant vers le sanctuaire de la justice, où ce vertueux organe de la loi en rendait les oracles : on l'arrache de son siège avec fureur; on le traîne à la vue d'un peuple stupide qui le laisse lâchement injurier; on l'abreuve à longs traits d'ignominie : il semble que les bourreaux se fassent un affreux plaisir de faire passer leur victime par tous les degrés les plus raffinés de l'outrage et de la douleur. Mais pourrions-nous plus longtemps nous appesantir sur ces horribles détails? Huez, ce magistrat vénérable, au sein même de cette ville administrée par lui avec tant de sagesse, à la vue de ses concitoyens redevables à sa vigilance d'un calme si profond, d'une tranquillité si parfaite; Huez, victime d'un généreux dévouement, périt sous les coups d'un ramas d'étrangers, d'une infâme poignée de brigands; son corps défiguré fut traîné sur ces places où naguère encore il ne paraissait qu'environné du respect public, et suivi par les acclamations! Et cependant une force militaire, dont un inconcevable aveuglement avait enchaîné les services, frémissait à la fois d'impuissance et de rage; et ces soldats, intrépides sous le feu des batailles, n'osaient, dans la sévérité d'une fatale discipline, secourir sans ordre le magistrat infortuné dont l'excessive confiance avait négligé de faire mouvoir leur masse inutile : vingt hommes déterminés eussent sauvé la victime; cinq cents la laissèrent égorger. Son pays le pleura; son Roi, plein du souvenir encore récent de ses services, donna des regrets à sa perte, des larmes à sa mémoire; les lois insuffisantes vengèrent sa mort sur ceux qui en avaient été les vils instrumens, sans pouvoir en atteindre les premiers, les abominables auteurs; rare et fatal exemple de la nécessité de recourir quelquefois, pour l'intérêt même de la société, à la force instituée pour la protéger ! triste et instructive leçon pour l'homme public, qui ne devra jamais compte à l'humanité du sang impur qu'il lui faudra répandre pour la servir ou la venger! Si le maire patriote dont nous venons de retracer la carrière honorable et la fin tragique eût appelé contre des brigands la force que mettait entre ses mains la patrie, l'ordre aurait été promptement rétabli aux dépens des rebelles qui l'auraient troublé; un crime atroce ne souillerait pas les annales d'une de nos provinces; la ville de Troyes conserverait peut-être encore un administrateur dont elle était fière; le Monarque le distinguerait dans les rangs de ses sujets fidèles, et la France posséderait un grand magistrat de plus. Mais laissons ces tristes considérations, et occupons-nous des autres devoirs d'un sage Administrateur.

Lorsqu'à force de soins et de vigilance il a imprimé à ses travaux ce caractère de grandeur et d'utilité qu'il doit au rang dont il est investi; lorsque dans tous les détails de son ministère il a payé à la société un tribut de services et de dévouement aussi honorable pour lui qu'avantageux à ses subordonnés; quand il a fait tourner au profit de la prospérité commune tous les efforts de son zèle et toutes les ressources de son intelligence, l'homme public n'a encore rempli qu'une partie de la tâche immense qu'il s'est imposée. Ce n'est pas seulement le Gouvernement actuel dont il est aujourd'hui le mandataire qui doit proclamer la sagesse de son administration; il doit compte aussi de ses résultats futurs à ceux qui viendront après lui: il faut qu'après des siècles encore la patrie recueille en le bénissant les fruits semés par sa prévoyance ou cultivés par son génie. S'il est vrai, comme il n'est plus permis d'en douter raisonnablement, que le degré de splendeur des Etats se mesure sur l'accroissement progressif de leur population, l'Administrateur étudiera avec intérêt les moyens de rendre chaque jour plus abondante pour son pays cette source future de sa prospérité: il se félicitera d'avoir été jeté par la nature dans un siècle éclairé, où, malgré la fatalité des circonstances qui semblaient devoir porter à la malheureuse espèce humaine des coups irréparables, plusieurs causes réunies ont concouru si puissamment à la multiplier: la suppression de ces monastères que le défrichement de nos anciens marais, le dépouillement de nos annales et les productions de nos premiers chefs-d'œuvre avaient rendus respectables sans doute, mais qui n'en étaient pas moins perdus sans fruit pour notre population; l'abolition de cette féodalité nécessitée peut-être par les besoins d'une Monarchie naissante, mais désavouée par la civilisation, et contraire aux intérêts d'un empire fortement constitué; le rapprochement des distances entre les diverses classes de la société, fruit des lumières plus généralement répandues de l'éducation; cette égalité des partages enfin, si impérieusement réclamée par la justice naturelle, et consacrée maintenant par les lois civiles, sauf les réserves légères qu'il a bien fallu concéder à nos institutions, toutes ces conquêtes de la raison sont à ses yeux autant de principes de perpétuité pour les empires, et d'accroissement pour leur population; mais elles ne sont sous ce rapport même que des avantages d'un ordre secondaire, si on les compare pour leur influence à cette heureuse découverte dont la médecine moderne a enrichi l'esprit humain, à cette vaccine bienfaisante, appelée à triompher bientôt des préjugés de la routine et des raisonnemens de la prévention. Quelle perspective en effet pour l'espèce humaine! quel espoir pour les générations que l'extinction progressive et certaine de leur plus horrible fléau ! Un nombre de citoyens utiles ne sera donc plus moissonné dans sa fleur ! la mère n'attendra plus en tremblant cet ennemi cruel qui doit l'épuiser de son sang ! la nature n'aura plus à craindre pour la perfection de ses formes ni la beauté pour ses charmes ! Enfin s'il reste encore trop de maux pour affliger l'humanité, elle aura conservé quelques sujets de plus ; elle versera quelques larmes de moins. Honneur donc à l'auteur immortel d'une si précieuse découverte ! reconnaissance éternelle à ces dignes enfans de la France qui, dépositaires de ce secret bienfaisant, l'y ont naturalisé ! Mais honneur aussi à l'homme public dont les soins et les exemples contribueront à accélérer ce triomphe de l'expérience et de la philosophie ! Il ne peut se dissimuler les obstacles contre lesquels il lui faudra lutter avec une espèce d'opiniâtreté ; il aura à combattre à la fois les préjugés, la routine, la malveillance, la stupidité et jusqu'à la science elle-même. La routine et le préjugé l'entoureront de leurs gothiques préventions ; il sera arrêté dans sa route par tous les écueils de la malveillance, par tous les détours de la mauvaise volonté ; l'ignorance viendra l'écraser de ses lourds sophismes, et la science l'éblouir par la clarté insidieuse des anciens principes. Il n'est pas jusqu'à la candeur, jusqu'à la philantropie, jusqu'à la religion même qui ne répandent en raisonnemens captieux leur défiance respectable et leur horreur légitime pour l'innovation. L'Administrateur sage et prudent combattra avec douceur les argumens de la routine et de l'ignorance ; tout faibles qu'ils paraissent, ils peuvent devenir dangereux ; aux efforts de la malveillance il opposera les armes de la persuasion, et quelquefois celles de l'autorité, pour lui imposer du moins un langage et une conduite circonspectes ; il mettra aux prises les hésitations de la science craintive avec les raisonnemens d'une science moins timide et plus éclairée. Il lui restera encore à surmonter, non pas les préjugés puériles de la superstition, auxquels il ne doit aucun compte, mais les scrupules timorés de la religion, qu'il est intéressé lui-même à rassurer. Ils céderont facilement ces scrupules aux raisons victorieuses d'un Administrateur éclairé qui, sous les yeux mêmes de la religion, portera le flambeau de l'expérience sur les succès non contestés de cette nouvelle découverte ! les consciences les plus minutieuses ne pourront résister à l'évidence des démonstrations ; elles sentiront que s'il est du devoir de la nature humaine de se renfermer dans les bornes prescrites a son intelligence par son auteur, il ne peut lui faire un crime de chercher à les reculer; que la saine morale, loin de proscrire, parce qu'ils sont nouveaux, des moyens de salut pour l'humanité, désavouerait un principe désastreux qui nous les ferait négliger; et qu'enfin la nature ayant gravé dans nos cœurs le sentiment légitime de notre conservation, la religion, ame de la nature, ne peut être en contradiction avec ses principes. C'est ainsi qu'armé des raisonnemens d'une saine logique et des résultats chaque jour moins contestés de cette vaccine bienfaisante, l'Administrateur philosophe saura faire concourir également et la raison et l'expérience à la propager.

Mais il n'aurait fait tourner au profit de la population qu'une partie des moyens qui sont à sa disposition s'il bornait à celui dont nous venons de parler ses soins et sa sollicitude; il est une autre branche de l'économie politique, à laquelle cet accroissement progressif n'est pas moins subordonné ; nous voulons parler de l'agriculture, de cette source vivifiante, aussi nécessaire à la population des Etats qu'à leur prospérité même. Le principe de cette dépendance immédiate ne repose pas sur de vaines abstractions démenties par l'expérience, et réfutées par le raisonnement ; le raisonnement et l'expérience se réunissent également pour lui donner la sanction la plus incontestable : en effet le but invariable de la nature est-il le seul consulté dans la propagation des familles ? L'intérêt particulier de chacun de leurs membres, le desir de leur assurer une portion de bien-être proportionnée à leur état dans la société, la crainte de les procréer pour une existence malheureuse, ces considérations ne viennent-elles pas intimider, quelquefois aux dépens des grandes vues de la nature, les calculs particuliers de la paternité ? Si donc la fertilité dans les familles s'accroît ou se resserre en proportion de l'aisance dont elles jouissent, ou de la misère qui les écrase ; si l'expérience nous démontre qu'il n'est point dans la classe des agriculteurs de famille heureuse sans nombreux rejetons, comme il est peu de ménages misérables à peu près sans stérilité, sera-t-il nécessaire de multiplier les raisonnemens pour prouver la nécessité d'encourager par tous les moyens possibles ce premier des arts, auquel la population doit à la fois et sa subsistance et une partie même de son accroissement? Mais ce n'est pas par de vaines abstractions métaphysiques que l'agriculture pourra s'avancer par degré vers ce perfectionnement dont elle est susceptible : il est aisé de se répandre en futiles apologies de ses avantages, en éloges emphatiques de ceux qui l'exercent ; mais si les effets n'accompagnent l'étalage fastueux de cette philosophie de parade, elle est aussi frivole qu'inutile : c'est par des encouragemens plus réels, c'est par des ressources prodiguées à l'industrie, par des essais fréquens et gratuits sur la culture, par des primes offertes à l'émulation, c'est enfin en transportant sur le luxe oisif la plus grande partie des charges locales subitement nécessitées par les circonstances que l'Administrateur véritable ouvrira dans l'agriculture un canal de plus à la prospérité publique. Une idée heureuse, et qui ne doit point être perdue de vue, est celle de ces prix décernés, à certaines époques, au perfectionnement de quelques parties de l'économie rurale ; les frais dans lesquels ils entraînent l'Administration sont trop modiques pour devenir jamais onéreux, et ils entretiennent une émulation qui tourne puissamment au profit des objets auxquels ils se trouvent appliqués : il serait à desirer cependant que le zèle particulier multipliât ces institutions dans le nombre desquelles la munificence publique est obligée d'apporter une rigoureuse économie. Les possesseurs de grandes propriétés, appelés à recueillir les premiers fruits de chaque découverte en cette partie, s'empresseraient peut-être d'y concourir, et l'homme public ne négligera pas de faire à leurs intérêts cet appel qu'il peut adresser de même à leur amour-propre.

Mais ce n'est point assez de stimuler l'émulation des cultivateurs par ces encouragemens périodiques; il faut entourer l'agriculture elle-même non pas de ces hommages de convention, dont le charlatanisme moderne affuble ses longs discours apprêtés, mais d'une reconnaissance réelle et d'une estime véritable; il faut que l'autorité ne laisse échapper aucune occasion de la venger des mépris de l'orgueil et des insultes de l'inutilité ; il est surtout aussi juste que nécessaire de lui apporter dans la répartition des charges publiques tous les adoucissemens compatibles avec les besoins généraux. Eh! de quel côté seraient donc les titres les moins contestés s'ils n'appartenaient à cette classe laborieuse qui porte pour les besoins communs tout le poids du jour et de la chaleur ! à ces hommes respectables qui, sans brigue, sans ambition, ne demandent à la société d'autre bien que le libre usage des fruits de leurs sueurs, d'autre droit que celui d'être utile! Ah ! ce n'est pas assez de protéger cette industrie qui nous fait vivre, d'encourager ces travaux sans lesquels une famine désastreuse viendrait bientôt accuser l'insuffisance de nos institutions; respectons ces utiles nourriciers, aussi chers à la patrie que ses propres défenseurs; ils ne se signalent à l'autorité que par des services, jamais par des complots ; qu'ils éprouvent la protection bienfaisante de l'autorité sans connaître jamais ni ses mépris ni ses rigueurs. C'est donc en prodiguant à la fois à la classe cultivatrice et cette estime due à ses travaux utiles, et ces encouragemens, sources des nouvelles découvertes, que l'Administrateur fera faire, par le perfectionnement de l'agriculture, quelques pas à l'accroissement progressif de la population.

Mais après que l'homme public, par tous les moyens dont nous venons de parler, sera parvenu à agrandir pour l'espèce humaine les sources de sa fécondité, de nouvelles considérations l'appellent encore à de nouveaux devoirs : il a donné des enfans à la nature ; il lui faut maintenant préparer des hommes à la patrie. C'est ici, de quelque pouvoir qu'il se trouve investi, quelle que soit l'étendue de ses lumières et la pureté de ses intentions, qu'un administrateur ne saurait se passer de l'intervention des chefs de famille. Sans doute elle était inutile à Sparte, dans cette république orgueilleuse qui, fondant ses droits despotiques sur l'oubli absolu de ceux de la nature, allait arracher les enfans du sein maternel pour les entasser dans un dépôt commun, et les façonner à ses bizarres institutions; elle est superflue de même dans ces pays barbares qu'abrutissent encore à l'envi les ténèbres de l'ignorance et le joug de l'esclavage : mais au milieu d'un peuple également favorisé du bienfait d'un gouvernement libéral et des lumières de la raison, dans un empire où l'autorité du Prince et celle de la famille se prêtent l'une à l'autre une force mutuelle, l'instruction publique a besoin que les deux pouvoirs soient appelés également à y concourir. Si l'Etat ne l'influençait utilement par une surveillance immédiate, rien ne lui garantirait de la part de ses enfans les services futurs qu'il a droit d'attendre d'une éducation conforme à ses institutions; si, comme dans cette république célèbre dont nous venons de parler, un gouvernement jaloux envahissait seul tous les droits de la paternité, c'en serait fait bientôt des affections les plus légitimes; l'égoïsme et l'insensibilité constitueraient une partie essentielle des devoirs du citoyen, et la nation la plus aimante, dénaturant son caractère, serait forcée de renoncer aux sentimens les plus sacrés de la nature. Notre système d'éducation nous garantit heureusement de tous ces écueils; le gouvernement, sans entrer avec une minutie puérile dans tous ses détails, en surveille l'ensemble, en dirige les masses, et là se borne sa salutaire influence. La publicité des lieux où une jeunesse, espoir de la patrie, est appelée à recueillir le précieux aliment de l'éducation, répond suffisamment à l'Etat de la parfaite inviolabilité de ses principes, et la libre disposition de leurs enfans garantit aux chefs de famille que l'éducation publique, secondée de leurs soins, n'étouffera point dans ces jeunes cœurs le germe des sentimens domestiques et des vertus héréditaires.

Quelle tâche impose donc à l'Administrateur l'heureux système de cette partie de nos institutions? C'est encore ici un de ces points sur lesquels ne peut se fermer un instant l'œil tutélaire de sa surveillance. S'il répond à la société actuelle du dépôt sacré de la morale publique, il ne rendra pas un compte moins rigoureux aux générations suivantes des hommes qu'il aura formés pour elles, des vertus qu'il aura dû préparer. L'Administrateur vraiment pénétré de l'étendue deses devoirs en cette partie commencera donc par vérifier avec la plus scrupuleuse sévérité le degré de confiance que mérite sous les rapports moraux chacun des instituteurs chargés d'exercer sous son autorité le ministère sacré de l'éducation ; il donnera ses premiers soins à cet examen, parce que, s'il n'est point de mérite réel sans vertu, il n'est point d'instruction sans morale ; il proscrira sans pitié ces indignes corrupteurs de la jeunesse que la vertu voit avec indignation ouvrir des cours d'instruction moins que des écoles de scandale ; il repoussera aussi ces maîtres avides qui, ne faisant qu'un indigne trafic des fonctions les plus saintes, spéculent bassement sur des moyens d'éducation dont ils soumettent l'étendue aux calculs d'une sordide avarice : mais il encouragera noblement, il environnera de la plus respectueuse considération ces instituteurs patriotes qui, fondant sur l'honneur l'exercice de leurs nobles fonctions, fiers des progrès de leurs élèves plus que jaloux du prix qu'ils en retirent, forment des hommes à la vertu, à la religion et à la patrie. Il signalera le zèle de ces citoyens estimables à la confiance des chefs de famille; il les proposera pour objet à la reconnaissance publique, et pour modèles à l'émulation; enfin il prendra toutes les précautions que pourra lui dicter la sollicitude la plus scrupuleuse pour ne mettre qu'entre des mains pures et expérimentées le précieux dépôt de l'éducation.

Lorsqu'à l'aide de ces soins préparatoires l'Administrateur aura acquis l'heureuse conviction que les guides de l'enfance et de la jeunesse ne peuvent être désavoués ni par la morale ni par la patrie, il lui restera à stimuler à la fois par des moyens doux le zèle et l'émulation des élèves. Comme le principe de l'honneur sera toujours l'aiguillon le plus puissant sur des cœurs français, il saura l'appliquer même à cette époque irréfléchie où seul il peut triompher déjà de l'étourderie et de l'indocilité : c'est en établissant des solennités analogues à l'âge et à l'avancement des élèves ; c'est en proclamant par des prix impatiemment attendus les efforts les plus heureux, en accompagnant leur distribution de toutes les circonstances qui peuvent embellir le triomphe du travail, et rendre plus efficaces les regrets de la paresse ; enfin c'est en accommodant aux temps et aux localités les encouragemens ainsi que les récompenses qu'il donnera au génie naissant toute l'activité nécessaire à son développement. C'est ainsi qu'il préparera pour l'Etat ces citoyens utiles qui doivent un jour l'éclairer par leurs lumières, l'enrichir par leurs travaux, ou l'illustrer par leurs exploits

Mais surtout que les encouragemens de l'émulation ne se bornent pas à cette classe fortunée qui peut acheter d'une faible partie de son superflu les fruits précieux de la science, et l'inestimable privilége de l'éducation ; que les talens et le génie puissent aussi se développer sous les lambeaux de la misère : il n'en est pas des dons de la Nature comme des faveurs de la Fortune ; celle-ci, toujours aveugle dans ses caprices, ne distribue qu'au hasard ses présens et ses rigueurs ; jamais elle ne compense ou des atteintes par des bienfaits, ou des bienfaits par des disgraces : la Nature, aussi variée dans ses jeux, est quelquefois plus juste dans ses libéralités, plus éclairée dans le choix de ses victimes. Voyez ce favori de l'aveugle Fortune ; elle a tout fait pour lui : l'éclat de tous les prestiges entoure à la fois son berceau ; le luxe l'éblouit ; un grand nom lui promet toutes les jouissances de l'orgueil, tous les respects du monde ; des biens immenses rendront les saisons ses esclaves, et les climats ses tributaires; le besoin, la bassesse, les préjugés mettront tout à ses pieds : hélas ! la Nature ne s'est chargée que trop de rendre ce triomphe incomplet ! La Fortune lui a prodigué tout; la Nature lui a tout refusé : dépourvu non-seulement du génie, mais même de l'intelligence la plus ordinaire; étranger à toutes les idées, insensible à toutes les leçons, que fera-t-il de ces établissemens consacrés par la prévoyance publique à l'éducation ? quel fruit les maîtres les plus habiles retireront-ils, quant à lui, de leur dévouement? A côté de ce riche et brillant automate considérez cet être isolé, jeté par la Fortune dans les derniers rangs de la société; sous les haillons de l'indigence il n'excite que le sentiment d'une pitié stérile, ou d'un injurieux dédain; à peine dérobé aux plus impérieux besoins de la vie, il est déshérité de toutes les jouissances qui la font chérir : il semble que la Fortune ait pris un cruel plaisir à faire ressortir par ses rigueurs les bienfaits qu'elle répand sur ses favoris. Hé bien ! la Nature adopte cette intéressante victime ; elle l'enrichit à la fois des graces de l'esprit, des lumières du raisonnement, des inspirations du génie. C'est dans ce sol heureux que sont peut-être déposés des germes nouveaux que développera bientôt l'éducation pour la gloire ou la prospérité de la patrie : il serait donc aussi injuste qu'impolitique de ne pas abaisser les branches de l'instruction jusqu'à la portée de cette classe trop peu élevée pour y atteindre. Que l'opulence achète avec de l'or les connaissances qui peuvent un jour l'entourer encore d'un nouvel éclat ; mais que l'indigence, admise à partager les trésors de la science, y puise à la fois des moyens et des dédommagemens ; que l'abrutissement de l'ignorance ne vienne pas rendre les coups du sort plus affreux, et que la classe la plus nombreuse de la société ne voie pas se tarir pour elle avec les sources de la fortune celle des talens et du génie. Ne vous contentez donc pas de protéger ces établissemens utiles où l'aisance et la richesse reçoivent une instruction proportionnée au salaire dont elles l'achètent ; accordez des encouragemens tout particuliers, à ces institutions généreuses ouvertes gratuitement à l'indigence, à ces écoles tout à la fois l'honneur et l'espoir de la France. La justice, l'humanité et la politique réclament également pour elles toute votre sollicitude : les placer au-dessous des institutions salariées serait injuste, les négliger serait barbare ; et c'est peut-être là que couvent en réserve les feux d'où jailliront un jour les lumières qui doivent éclairer la patrie. Honneur et reconnaissance patriotiques à ces hommesgénéreux dont le zèle pour l'instruction publique n'avait d'autre but que l'instruction même, d'autre mobile que la règle volontaire qu'ils s'étaient imposée ! Eternel souvenir à ces congrégations libres qui perpétuaient dans leur sein l'héritage d'un si beau dévouement ! Non, la tempête ne les a pas renversés pour jamais ces foyers nationaux de l'enseignement et de la morale ! ils renaîtront ces précieux dépôts où la science se transmettait intacte avec les générations ! Un Gouvernement éclairé ne laissera pas la France veuve plus longtemps d'une de ses plus belles institutions; elle retrouvera dans leur rétablissement et ces principes conservateurs de l'éducation, et ces succès qui firent sa gloire par celle de ses enfans; tous les chefs de famille les regrettent ces congrégations enseignantes ! l'instruction les attend, la morale les desire, la religion les rappelle ! livrons-nous à un espoir légitime; sans doute un vœu si unanime sera bientôt rempli (1).

Mais ce n'est pas assez que par tous les encouragemens prodigués à l'éducation

---

(1) Il n'est peut-être pas inutile dans le moment actuel de nous expliquer plus clairement ; nous n'entendons parler ici que de cette congrégation à laquelle se rattachent tant de souvenirs précieux pour l'éducation, de ces *Oratoriens* d'autant plus respectables dans leur dévouement, qu'il était le fruit de leur seule volonté. Tout entiers à la tâche honorable qu'il s'étaient imposée, sans brigue, sans ambition, ils se faisaient connaître par leurs services, et jamais par leurs prétentions : contens de leur utile obscurité, on ne les vit jamais échanger leur modeste retraite contre le tumulte des cours, ni le gouvernail de l'instruction contre le sceptre des consciences ou le timon des affaires : c'est le rétablissement de cette institution libérale que nous invoquons ici ; il eût été possible de se méprendre sur nos intentions.

l'Administrateur ait rendu commun le domaine des arts et des sciences, qu'il ait appelé toutes les classes à le partager; ses efforts seraient presque perdus et ses soins inutiles si les élèves les plus distingués se trouvaient arrêtés dans leur course par les devoirs forcés et inévitables d'une autre carrière. A Dieu ne plaise que nous prétendions ici contester les droits sacrés de la patrie sur le courage de ses enfans, ou ralentir le zèle de ses défenseurs ! Sans doute ils sont à elle ces jeunes cœurs développés par ses institutions ! sans doute elle peut appeler à son service ou à sa défense ceux qui doivent être toujours protégés par ses lois ! mais si elle a besoin de guerriers généreux pour la soutenir ou la venger, elle n'est pas moins intéressée à posséder des magistrats, des hommes d'Etat, des savans, des artistes pour développer sans cesse, à l'ombre de la paix, les germes renaissans de sa grandeur et de sa prospérité. Mais comment se formeront-ils ces magistrats futurs à l'école des d'Aguesseau, des Molé, des Malesherbes? Où seront les héritiers de ces hommes d'Etat fameux, des l'Hôpital, des Sully, des Colbert? Comment revivront pour la gloire des arts, des sciences et des lettres ces Suger, ces Mignard, ces Corneille, ces Racine, et tant d'autres dont l'éclat rejaillit encore sur leur siècle et sur leur pays? Comment se perpétuera de génération en génération un si brillant héritage si l'art fatal de la destruction vient faire aux efforts des élèves les plus heureux une diversion irréparable? Comment se développeront les germes de la science et du génie s'ils sont étouffés, à peine éclos, sous le poids d'une armure, ou dispersés sans distinction sous le char de la Victoire? Il est d'ailleurs une différence incontestable entre les élans volontaires du guerrier qui se dévoue par goût ou par sentiment à cette pénible carrière, et les services forcés de ces citoyens studieux qui promettent par leurs travaux un autre hommage à la patrie : ceux-ci ne porteront jamais dans les rangs que ce courage de résignation, que cette espèce d'impassibilité morale qui les éloignera d'une lâcheté, mais ne les immortalisera jamais par des exploits ; l'autre au contraire, guidé par cette impétuosité qui fait les héros, animé de cette ardeur aveugle qui fait affronter les dangers sans les calculer, surmontera toutes les difficultés et triomphera de tous les obstacles ; ses armes seront inattaquables et son bras invincible ; à travers les feux et la mort il ira ravir les trophées qu'il reviendra ensuite déposer aux pieds de son pays. Tels sont les résultats opposés que promettent à l'homme public les inclinations différentes de ses administrés ; tels sont les différens points de vue sous lesquels il considérera les opérations par lesquelles il doit assurer à l'Etat, dans la personne des guerriers les plus volontaires et les plus dévoués, les plus sûrs défenseurs.

D'après ces principes, aussi incontestables en politique qu'en philosophie, la conduite de l'Administrateur se trouvera soumise à des règles faciles et presque universelles; elle sera basée à la fois sur les lois et sur les circonstances. Sans doute si la fatalité des événemens le place à une de ces époques décisives pour les empires, où leur salut dépend d'un élan général, il doit, n'écoutant que la voix impérieuse de la nécessité, donner aux mesures qu'elle prescrit toute l'extension dont il les reconnaît susceptibles; il doit, par tous les moyens que met en ses mains la patrie, multiplier le nombre de ses défenseurs : dans ces momens critiques toute complaisance serait un crime, toute considération particulière une perfidie ; il répondrait à l'Etat de tous les guerriers que lui aurait dérobés sa mollesse ; peut-être il répondrait des revers qui l'auraient accablé. Mais dans les temps ordinaires, où les nations, mieux éclairées sur leurs vrais intérêts, n'entretiennent que les forces nécessaires pour faire respecter leur repos, même à ces époques trop fréquentes où de médiocres intérêts allument des guerres fatales au genre humain, sans le menacer cependant d'une entière destruction ; enfin tant que la patrie peut se reposer sur une partie seulement de sa population du soin glorieux de la défendre ou de la venger, il est de l'intérêt bien entendu d'un Gouvernement d'investir ses mandataires d'une autorité assez étendue pour qu'ils puissent déroger aux règles générales par d'utiles exceptions. C'est alors qu'éclairé par le flambeau d'un patriotisme prévoyant l'Administrateur pourra ménager pour son pays des services d'une autre nature : il fera peser d'abord avec une rigueur légitime tout le poids des charges militaires sur ces hommes qui, sans état, sans projets, sans perspective, deviennent bientôt, par l'effet d'une jeunesse bouillante et inoccupée, les perturbateurs de l'Etat s'ils n'en sont pas les défenseurs. Cet appel de préférence ne saurait être injuste, puisque, la patrie ayant un droit égal sur les services de tous ses enfans, nul n'en peut être sommé ou dispensé que par elle. C'est sur le nombre plus ou moins multiplié de ces êtres inutiles ou dangereux que l'Administrateur pourra régler celui des dispenses légitimement réclamées, et des exceptions utiles. Qui pourra jamais taxer d'injuste une opération de cette nature, quand elle aura pour but de conserver à l'agriculture un propriétaire praticien qui l'enrichit journellement de nouveaux procédés, aux sciences un génie privilégié qui en étendra le domaine ? qui se plaindra de voir soustraire au service militaire de l'Etat un citoyen qui, dans le calme d'une retraite non moins utile, lui prépare ou des chefs-d'œuvre honorables ou de sublimes découvertes ? Que l'homme public se garde, en cette partie plus qu'en aucune autre, de tout ménagement inconsidéré, de toute faveur arbitraire ; il ne peut se permettre un acte de cette nature sans faire des mécontens ou des victimes : mais qu'il n'hésite pas non plus par un excès de pusillanimité à solliciter près de l'autorité suprême toutes les exceptions que pourront réclamer et l'intérêt public et la gloire nationale ; qu'il affronte pour des intérêts si majeurs tous les murmures de la jalousie, toutes les clameurs de la malveillance, et jusqu'aux dénonciations formelles de l'inimitié. C'est au Gouvernement seul qu'il appartiendra de juger le détail matériel de ses opérations; c'est au suffrage impartial de l'opinion publique qu'il en appellera de quelques préventions particulières; enfin c'est de la reconnaissance, peut-être tardive de ses concitoyens, qu'il réclamera ses dédommagemens et sa récompense.

Nous croirions n'avoir mis sous les yeux de l'Administrateur qu'une partie des considérations relatives à l'état et au service militaires si nous ne recommandions à sa prédilection ces guerriers respectables qui, après avoir consacré à leur pays tout le cours d'une jeunesse vigoureuse, viennent couler paisiblement dans son sein le reste d'une vie échappée à la faux des combats : les lauriers dont ils sont couverts, le sang qu'ils ont versé en ont fait les enfans privilégiés de la patrie; ils ont des droits à la sollicitude spéciale d'une sage administration.

Les uns retrouvent au sein de leurs foyers les jouissances d'une fortune à laquelle leur dévouement les avait presque fait renoncer; c'est par la considération, c'est par les égards dus à leur patriotisme et à leur services qu'ils en recueilleront la glorieuse récompense. Les honneurs militaires qui les accompagneront jusqu'au bout de leur carrière, les distinctions que se plairont à leur prodiguer dans toutes les circonstances les chefs de la société; leur exemple sans cesse proposé à l'émulation d'une jeunesse qui les honore, en attendant qu'elle les imite; tous les témoignages enfin du respect et de la reconnaissance publics, tels sont les moyens qu'emploiera l'autorité pour acquitter envers eux la dette sacrée de la patrie : la munificence nationale ne peut, quant à ces guerriers sans besoins, se déployer autrement. Mais il en est d'autres, et malheureusement le nombre en est grand, qui ne rapportent pour fruit d'une longue et pénible carrière que leur gloire et leurs cicatrices, qui, après avoir marqué chacun de leurs jours par des exploits, seraient réduits à en détester le reste, s'ils ne trouvaient dans la reconnaissance de la patrie le prix du sang qu'ils ont versé pour elle: c'est à ces généreux guerriers, pour qui les bienfaits de la fortune ne suivirent jamais les faveurs de la victoire, que sont ouvertes ces retraites honorables fondées par ce Monarque qu'il faudra toujours citer quand on parlera de véritable grandeur. O roi qui par ta tendre sollicitude pour les compagnons de tes succès méritas si bien les palmes dont ils contribuèrent à te couronner, n'eusses-tu laissé de ton règne vraiment classique que ces impérissables monumens, ils suffiraient pour t'assurer dans l'histoire la place que t'y réservent à jamais la reconnaissance de tes peuples, et l'admiration de l'univers. Que la jalousie mette à côté de tes triomphes les revers dont la fortune voulut empoisonner la fin de ta carrière; outre qu'ils ont fait briller en toi les efforts d'un autre courage, la France se plaît à les oublier, et toujours elle se souviendra avec orgueil que c'est par toi qu'elle peut encore payer sa dette à ses braves défenseurs. Mais il ne suffit pas qu'ils aient été consacrés ces temples de la valeur; il faut encore que l'accès en soit toujours facile et jamais entravé : c'est donc à l'Administration, protectrice naturelle de tous les enfans de l'Etat, à solliciter pour ceux-ci l'asile fond par un héros pour la vieillesse et le courage; c'est à elle à leur épargner des soins qui sans son intervention deviendraient peut-être inutiles. Mais tous ne peuvent être appelés à participer aux bienfaits de ces établissemens utiles et patriotiques; illimité dans ses généreuses intentions, un gouvernement est forcé de mettre des bornes à l'application de sa bienfaisance ; il faut donc que, chacun dans la partie de la société soumise à sa juridiction, les dépositaires du pouvoir suppléent,autant que le permettent les localités, à l'insuffisance des institutions nationales ; et ce n'est pas seulement par des secours trop souvent humilians qu'un Administrateur atteindra le but que nous signalons à sa sollicitude ; il est toujours pour seconder les détails de son administration des postes subalternes qui ne demandent dans ceux qui les occupent que la droiture et l'incorruptibilité : or, qui pourra donner des gages plus certains de ces deux sentimens que ces vétérans de l'honneur, accoutumés à ne suivre que lui pour guide et pour mobile ? N'est-ce pas à leur surveillance que doit être confiée de préférence la garde de ces monumens, de ces établissemens publics de luxe ou d'utilité, que leurs bras ont défendus si longtemps? Enfin la justice et la reconnaissance ne sont-elles pas d'accord pour environner de quelque aisance la fin de leur carrière en les investissant autant que possible d'emplois secondaires qui ne soient au-dessus ni de leurs forces ni de leur intelligence? L'Administrateur, pour qui les services passés ne sont pas un vain mot, et la gloire une chimère, ne pourra perdre de vue ce principe patriotique dans la distribution des graces de cette nature, exclusivement réservées à sa juridiction; en les répandant sur les défenseurs de l'Etat il remplira les vues sages du Gouvernement qui l'a chargé d'acquitter sa dette; il rendra par une sollicitude continuelle pour les guerriers un témoignage éclatant à la reconnaissance de la patrie; il développera à la fois dans les jeunes cœurs de ses enfans et le zèle des services et la certitude de la récompense.

C'est par ces considérations que nous devrions peut-être terminer la série des devoirs civils et politiques de l'Administrateur; il en est cependant un dernier que nous envisagerons sous un point de vue encore plus général, parce qu'il est d'une application constante, et d'une pratique universelle ; il s'agit ici de cette surveillance qu'il doit exercer sur toutes les subdivisions du pouvoir ainsi que sur ceux qui s'en trouvent investis. Comme c'est au mandataire supérieur que se rapportent les principes dont nous essayons ici le développement, la mention expresse de cette surveillance ne peut paraître pour les fonctionnaires subordonnés ni injurieuse ni déplacée ; il importe dans tous les gouvernemens et plus particulièrement dans une Monarchie que l'Administration soit centralisée localement si l'on peut s'exprimer ainsi, pour aboutir ensuite plus facilement au chef suprême qui en est le centre commun, le régulateur universel. Mais il n'existerait aucun moyen d'arriver à ce résultat nécessaire si dans tous les points d'un vaste empire un chef immédiat ne rassemblait comme en un seul faisceau l'ensemble des opérations. Nous ne prétendons pas que l'Administrateur puisse, concentrant en lui seul tous les pouvoirs, déterminer ou influencer même des actes qui lui sont tout à fait étrangers; il en est, ceux du pouvoir judiciaire par exemple, qui seraient frappés de mort à l'instant par son intervention; et nous profiterons de cette remarque incidente pour interdire à l'Administrateur toute usurpation ambitieuse, tout empiètement illégal de juridiction; la démarcation fixe des attributions est la sauve-garde la plus puissante des administrés ; sans elle tout ordre est interverti, toute sécurité illusoire et toute garantie impossible. Où sera le point d'appui d'un malheureux accusé si le tribunal chargé de décider son sort est influencé par l'homme à la police duquel il est peut-être redevable de la dénonciation qui le compromet? Comment une victime innocente de l'erreur ou de la corruption en signalera-t-elle les abus à l'autorité si son chef y a coopéré, même indirectement? Il faut donc que chaque subdivision du pouvoir marche indépendamment sur la ligne la plus droite de ses attributions: le mandataire supérieur n'a le droit sous aucun prétexte d'entraver ou de ralentir sa course ; mais il est à la fois et de son droit incontestable et de son devoir rigoureux d'en surveiller tous les pas, d'en suivre toutes les directions : il faut bien que dans toutes les parties l'ensemble et les détails soient également soumis à sa surveillance, puisque c'est à lui d'en signaler au pouvoir suprême les écarts ou la régularité. C'est en vain que dans toutes les opérations dépendantes de sa juridiction personnelle il aura apporté le zèle, les lumières et l'intégrité, qui seuls caractérisent une sage Administration; s'il ne porte encore un œil vigilant sur les fractions de l'autorité, qui, sans lui appartenir immédiatement, n'en sont pas moins attachées indirectement à la sienne; si par des rapports journaliers il ne met le Gouvernement à portée d'en connaître les résultats, d'en opérer la réforme ou d'en réprimer les abus, il n'a rempli que d'une manière incomplète la tâche immense qu'il s'est imposée; il ne sera jamais proposé aux candidats de l'Administration ni pour guide ni pour modèle.

Telle est la série des rapports civils et politiques sous lesquels nous avons cru devoir envisager la conduite du véritable Administrateur. En nous appesantissant avec quelque étendue sur cette partie importante des devoirs qui lui sont imposés nous ne prétendons point lui avoir montré sans exception tous les écueils qu'il doit craindre et tous les fanaux qui le peuvent éclairer; une tâche aussi universelle serait au-dessus de nos forces; il n'est point de pinceau capable de tracer avec toutes ses nuances le tableau des obligations qu'imposent à l'homme public l'état actuel de la société et les progrès toujours croissans de la civilisation ; l'oracle français en cette partie, l'immortel Montesquieu, eût pu seul l'entreprendre : c'est dans le fond de sa conscience que doit descendre à tous les instans l'Administrateur; c'est à l'examen bien réfléchi de chaque circonstance qu'il lui faut recourir pour éviter tout acte imprudent ou précipité qui le forcerait à un tardif repentir : les lumières d'un zèle infatigable, la droiture de ses intentions et les réflexions d'un patriotisme éclairé le guideront toujours mieux sans doute dans l'application des détails que de vagues ou incomplètes théories; mais il ne peut être inutile de présenter à ses méditations l'ensemble des masses auxquelles doit se rapporter définitivement chacune de ses opérations; il n'est pas sans quelque importance pour lui-même d'établir sur chaque partie de son administration des principes généraux qu'il n'aura plus ensuite qu'à appliquer, sauf les modifications prescrites par l'empire de la nécessité ou par les conseils des circonstances. C'est ce plan circonscrit que nous nous sommes proposé; tel est le travail que nous avons eu la présomption d'entreprendre : heureux si par quelques vues utiles nous avons pu le recommander à la bienveillance publique ! plus heureux si quelques Administrateurs ne le jugent pas tout à fait indigne de leurs méditations ! Il appartient à ceux qui se dévouent au service de l'Etat dans ces pénibles travaux d'excuser la faiblesse de ces considérations en faveur du sentiment qui les inspire ; forts de la justice qu'ils ne pourront refuser à nos intentions, nous allons continuer le cours de notre entreprise, et considérer encore sous un nouveau jour les augustes fonctions dont ils sont investis : cette partie de nos observations ne sera pas la moins délicate ; leur objet appelle à la fois et toute l'attention du Gouvernement et toute la sagesse du mandataire auquel il croit pouvoir confier sans péril le dépôt sacré de son autorité.

CHAPITRE V.

De l'Administrateur considéré sous les rapports religieux.

Nous voici arrivés au point le plus délicat et peut-être le plus difficile de l'Administration, à celui qu'une période convulsive de trente années a rendu encore plus critique, et que l'homme public ne peut aborder qu'en frémissant à travers les deux écueils, également dangereux, de l'intolérance et de l'irreligion. Il est facile de rencontrer un Administrateur doué de toutes les qualités sociales ; c'est l'effet d'un heureux caractère, presque toujours embelli par d'heureuses circonstances; la renommée en signale un grand nombre qui justifient le respect public par leurs vertus; ce sont les fruits de la Nature, cultivés par l'éducation : il existe aussi, quoiqu'ils se présentent plus rarement, de ces hommes précieux dans les temps difficiles, qui possèdent toutes les qualités civiles et politiques, capables de garantir à leurs travaux des résultats utiles; c'est le privilège d'un esprit juste et droit perfectionné par l'étude, et mûri par l'expérience : il en est même qui par une heureuse exception au principe général de l'imperfection humaine réunissent tous les avantages qui, sous ces trois rapports, peuvent constituer une Administration grande et libérale : il faut déjà un effort de la Nature pour produire ces hommes rares et extraordinaires, et la Nature est avare de ces heureux présens : mais joindre à toutes ces qualités, déjà si difficiles à réunir, cet esprit souple et adroit qui sait concilier les systèmes religieux les plus disparates ; embrasser dans un seul et même plan et cette tolérance qui n'inquiète la croyance de personne, et cette protection qu'il ne peut refuser à la religion la plus répandue et la plus universelle ; contenir sans les aigrir cet esprit de secte qui cherche partout à s'étendre, et cette manie d'irreligion qui voudrait tout annéantir ; respecter en les surveillant les principes de tous les cultes, et jusques à leurs préjugés ; les faire tous concourir également et sans distinction au perfectionnement de la morale publique ; enfin contenir ou réprimer dans leurs écarts les sentimens les plus chers à l'homme, sa religion et sa conscience, tel est le degré de sagesse auquel il n'est donné d'atteindre qu'à quelques têtes privilégiées que la Nature semble semer de loin à loin, comme pour constater ses ressources, et marquer toute l'étendue de sa puissance : mais c'est précisément parce que dans cette période de sa carrière l'Administrateur marche au milieu d'écueils si nombreux et si difficiles, qu'il peut nous être permis de joindre aux considérations que nous avons déjà développées quelques principes généraux sur la partie de ses devoirs, incontestablement la plus délicate et la plus précieuse dans ses résultats.

Le premier soin de l'homme public en cette matière doit être d'étudier l'état religieux de sa juridiction, et par conséquent la position dans laquelle le placent les circonstances. C'est ici que les mesures de l'autorité sont essentiellement locales ; qu'elles se modifient d'après l'influence des mœurs, et suivent constamment la marche des hommes et des événemens : tel acte, telle décision peut dans une province amener les plus heureux effets, et ne produire dans une autre que désordre et confusion. Ici tous les citoyens, réunis dans une seule et même doctrine, n'ont à la fois qu'un temple, qu'un autel et qu'une religion ; leurs solennités appellent exclusivement la sollicitude de l'Administration ; il serait inutile et même impolitique de s'expliquer sur des cultes différens, qui pour cette heureuse population n'ont jamais existé: là, au contraire, la doctrine religieuse se partage en plusieurs cultes, différant de principes comme de solennités ; la protection accordée à un seul serait injuste autant que dangereuse ; elle signalerait la secte privilégiée à la jalousie et à l'inimitié de toutes les autres ; elle établirait entre les citoyens d'un même pays une ligne de démarcation, qui seule exposerait déjà la tranquillité publique à des atteintes inévitables. Il faut donc que l'Administrateur, dans la juridiction duquel les circonstances rassemblent des religions différentes, ne les sépare point non plus dans une protection uniforme, et dans une égale sollicitude ; il faut qu'attachés au Gouvernement qui veille sur eux par un seul et même sentiment, celui de la reconnaissance, les enfans de chaque secte, au sortir des bras de leur religion, se réunissent tous dans ceux de la patrie. Les lumières de la civilisation les ont chassés devant elles ces temps désastreux où une tolérance, prescrite par la société autant que par la nature, semblait un outrage au Dieu du plus grand nombre, où, pour observer les préceptes mal interprétés d'une religion de paix et de miséricorde, il fallait être l'ennemi et le persécuteur de toutes les autres! Nos pères, aveuglés par une ignorance funeste, ont vu ces jours de honte et de scandale ; une législation éclairée et la force toujours croissante de l'opinion garantissent à nos neveux qu'ils ne les verront plus. On sentira que la probité et les vertus morales sont les seules dont la société puisse demander compte aux membres qui la composent; que le dogme de chaque individu est une affaire entre Dieu seul et sa conscience, et qu'il n'appartient de persécuter qu'à ceux qui ne peuvent se flatter de convaincre.

Ces principes, qui doivent être ceux de tout homme éclairé des lumières de la raison, dirigeront surtout l'Administrateur, qui doit à tous ses subordonnés sans distinction et la même justice et la même impartialité. Sans doute il serait absurde que, sous le prétexte d'une philosophie convaincue, il faut l'avouer, de quelques écarts, l'homme public donnât dans les actes de son administration une indécente préférence aux sectes étrangères sur la religion dominante et presque universelle de son pays; c'est à celle-ci au contraire qu'il est redevable de ses premiers soins, de sa première sollicitude. Si des cultes isolés, réduits à un nombre de sectateurs peu proportionné à celui des citoyens, ont droit à une surveillance qui assure à la fois leur indépendance et leur tranquillité, quelle force acquerront ces mêmes droits quand ils seront applicables à une religion consacrée par l'usage presque immémorial d'un empire, et embrassée par la presque universalité de sa population ! Accordons à l'exercice de tous les cultes une protection réclamée impérieusement par la justice; défendons-les par les mesures de l'autorité contre les persécutions de l'intolérance et contre les insultes de la malignité; proscrivons ces injurieuses exceptions qui tendraient à établir diverses classes de citoyens dans un même empire; ne voyons dans toutes les religions que des manières différentes de rendre un même hommage à l'Eternel: mais ne retirons point à la religion dominante de notre pays cette protection de préférence et, si j'ose m'exprimer ainsi, cette sollicitude privilégiée que lui doivent assurer et son ancienneté dans nos annales, et les innombrables services rendus à la patrie par son influence, et perpétués par ses principes.

Mais par quels moyens l'homme public rendra-t-il cet hommage à la religion de son pays sans inquiéter les cultes étrangers qu'il doit aussi protéger, sans exciter en eux ni défiance ni inimitié? C'est ici qu'il serait impossible de donner des principes positifs applicables à toutes les circonstances; c'est aux réflexions de l'Administrateur éclairé qu'il faut bien laisser le soin de lutter avec succès contre ces difficultés; cependant il ne peut être inutile de lui signaler quelques-uns des inconvéniens qu'il doit éviter s'il y veut parvenir : un des plus dangereux est celui d'exciter ou d'alimenter entre deux cultes différens toute espèce de lutte ou de rivalité, ce qui ne peut jamais arriver sous une Administration sage, qui mesure sur le texte seul de la loi la protection qu'elle leur accorde à toutes, ou les restrictions qu'elle est quelquefois obligée d'apporter à leurs solennités ; autant il importe de laisser aux pratiques d'un culte unique une latitude absolue, autant des considérations d'un ordre majeur prescrivent de sages modifications partout où la différence des religions établit entr'elles une concurrence inévitable. Dans ce cas l'Administrateur doit concentrer en lui seul le sentiment de préférence qu'il accorde intérieurement à la religion qu'il professe ; le public ne doit la connaître que par son exactitude à en observer les préceptes, et l'influence de son exemple sera déjà pour elle un assez grand avantage. Qu'il éprouve donc, il le doit, un sentiment plus vif à la protéger; qu'il se porte avec un zèle plus réellement senti à la défendre ou à la venger; que même dans des circonstances égales elle ait ses premiers soins et ses premiers travaux, mais que cette louable préférence ne lui fasse point perdre de vue les devoirs dont il ne peut être ailleurs dispensé; que les principes personnels de l'homme ne conduisent point l'Administrateur à une coupable intolérance : enfin ne tenir que faiblement à sa religion serait une lâcheté; lui sacrifier exclusivement toutes les autres serait une prévarication véritable.

Il est donc un sentiment naturel que l'intérêt même de son administration ordonne à l'homme public d'étouffer s'il veut conserver cette impartialité, base première et indispensable de tous ses travaux; c'est une prédilection involontaire pour tous les membres de sa religion, et une prévention dangereuse contre ceux qui ne la professent pas. S'il ne résiste avec vigueur à ces deux impulsions il se heurtera nécessairement contre deux écueils également à redouter : les objets de son aveugle indulgence ne tarderont pas à s'apercevoir de la force qu'ils en reçoivent ; bientôt leur confiance deviendra de l'audace, et ils finiront par marquer de tous les excès un empire qu'ils se persuaderont inattaquable. De l'autre côté les sectateurs de cultes différens, convaincus par une expérience journalière des sentimens peu favorables de celui auquel seul ils peuvent adresser leurs plaintes et leurs réclamations, s'en prendront au Gouvernement de torts qui lui sont étrangers : la défiance amènera bientôt la haine, et l'inimitié finira par une résistance déclarée. Supposez que les rênes de l'autorité soient entre des mains assez fermes pour n'avoir point à redouter prochainement un pareil malheur; elle ne pourra point éviter cette lutte concentrée, cette animosité sourde qui, se perpétuant d'année en année entre les différentes sectes, produira définitivement les résultats les plus funestes, si même elle n'amène le corps politique à une pleine et entière dissolution. Et qu'on ne croie pas que nous présentons ici des tableaux rembrunis ou une perspective exagérée; nous en appellerons à des malheurs qui, tout éloignés qu'ils deviennent de notre mémoire, n'y doivent pas moins être toujours présens pour notre commune instruction. Eussent-elles jamais épouvanté la capitale et nos provinces ces scènes d'horreur, dont la différence des religions fut le motif ou du moins le prétexte, si les inimitiés provoquées par cette même différence n'eussent été fomentées par une lâche et barbare persécution ! Malheureuses Cévennes, vous fumez encore de ce sang français que notre siècle plus éclairé n'eût jamais vu répandre! Peuples rivaux de notre Empire, vous profiterez longtemps de cet arrêt d'ignorance et d'impolitique qui, forçant des milliers de Français fidèles à fuir leur injuste patrie, a porté chez vous une industrie et une population dont l'expérience nous ferait aujourd'hui mieux connaître le prix! N'imputons point cette faute capitale au Monarque qui réunit tant de droits à l'admiration de la postérité ; son erreur fut celle de son siècle, et le flambeau trop tardif de la philosophie n'avait pu encore éclairer son génie ; étouffons sous le poids de ses lauriers les écarts de son zèle : mais, en admirant ce règne extraordinaire, profitons des faiblesses qui en ont quelquefois obscurci l'éclat, et tirons-en du moins cette utile leçon que la prévention, dangereuse en toute espèce de matière administrative, devient, quand il s'agit de religion, d'une conséquence majeure et presque toujours irréparable.

En faisant à l'homme public un devoir de l'impartialité en matière religieuse, en lui prescrivant surtout de rester absolument étranger, abstraction faite de sa conscience, aux dogmes des différens cultes établis dans sa juridiction, nous avancerions un principe insoutenable en morale comme en politique si nous prétendions en conclure qu'il doit rester indifférent au défaut total de religion dans ses administrés; autant il importe au succès de son Administration que les sectateurs de tous les cultes vivent à l'ombre de son égale surveillance dans une concorde inaltérable, autant il est essentiel aussi qu'un esprit véritable de religion anime sans les désunir les diverses classes de la population.

Nous avons fait une trop douloureuse expérience des dangers de ce matérialisme, aussi criminel aux yeux de toute religion qu'inexplicable à ceux de la raison. Je veux croire, et je le suppose un instant, sans en concéder le principe, qu'il n'est pas rigoureusement impossible à des hommes éclairés par une intelligence supérieure de se garantir à l'aide d'une morale raisonnée des écarts ordinaires de l'irreligion ; dans cette supposition même, qu'encore une fois je ne prétends point accorder sans restriction, où sera pour la masse ignorante le supplément nécessaire d'une morale toujours incomplette ? Qui lui parlera un langage au-dessus de sa faible raison ? qui fera entendre à son cœur des principes qui auront échoué sur son intelligence. Ne répétons pas cet éloge de la nature humaine, si emphatiquement exagéré par une fausse philosophie, et si cruellement démenti par les leçons d'une fatale expérience. Les idées d'ordre et d'honnêteté publique sont insuffisantes sur la classe la plus ignorante et la plus nombreuse de la société; la crainte de la punition qu'elle réserve à ses perturbateurs ne saurait les arrêter entièrement, car à côté de la terreur des châtimens est toujours placée la funeste espérance du secret qui les fait éluder; le vice ne trouvera pas un frein beaucoup plus puissant dans l'infamie attachée à une réputation de perversité, car le prix que l'on met à la renommée suppose déjà un principe d'honneur, et l'honneur n'est qu'une chimère aux yeux de la dépravation. Il faut donc aux esprits trop grossiers pour de pareils sentimens un mobile au-dessus des considérations morales, au-dessus même de la crainte des peines et de l'infamie; or, qui pourra avoir sur cette masse dangereuse un aussi salutaire ascendant? qui pourra étouffer en eux et les conseils séditieux de la jalousie et la voix insubordonnée du désespoir, si ce n'est cette religion consolante, donnée au malheureux comme un motif sacré de résignation ? Qui lui fera respecter dans sa misère l'inégalité des faveurs de la fortune et les rangs diversement gradués de la société, si ce n'est ce sentiment surnaturel qui lui fait du maintien de l'ordre une vertu, et de sa misère même un droit futur à la félicité ? L'Administrateur n'aura donc jamais à prévenir l'excès de cet esprit religieux qui ne peut dans aucun cas être embarrassant pour ses opérations, ni formidable pour son autorité : ce sont les écarts qu'il doit craindre, les abus qu'il doit réprimer ; c'est surtout l'intolérance qu'il doit poursuivre dans ces co-religionnaires, comme dans tous les autres cultes, avec la même persévérance et la même sévérité.

Il est une autre ennemie de la religion, qui, sans être aussi funeste dans ses conséquences, ne peut être cependant indifférente aux yeux d'une sage Administration, et qu'il est de son intérêt d'étouffer par tous les moyens d'une prudence réfléchie, mais sans y faire concourir jamais les mesures formelles de l'autorité; nous entendons parler de cette superstition puérile qui, dénaturant le sentiment le plus auguste et le plus respectable, le transforme en une série de préjugés minutieux, dont s'empare bientôt la perversité pour décréditer la religion même : si cet engouement stupide pour des pratiques ridicules ne portait sa funeste atteinte qu'au culte qu'il défigure, nous laisserions aux écrivains sacrés ou métaphysiques le soin d'en combattre les puérilités, et d'en démontrer les dangers; mais ce n'est pas à cet inconvénient seul que se borne l'influence de la superstition ; en détruisant dans les esprits la pureté du principe religieux elle introduit des usages immoraux ou dangereux, que doit repousser de tous ses moyens la vigilance de l'Administration; elle étouffe sous de vains préjugés les progrès des lumières qu'il appartient à l'homme public d'étendre et de protéger; elle lutte avec les armes d'une funeste prévention contre des nouveautés reconnues utiles, auxquelles l'Administrateur doit dès lors les soins les plus actifs, et l'encouragement le plus absolu. C'est sous ces rapports différens que l'extinction des préjugés superstitieux est véritablement du ressort de toute bonne Administration: mais qu'elle se garde de la combattre par des moyens violens, imprudemment émanés de l'autorité; ce n'est pas en froissant les esprits que l'on parvient à les éclairer; l'ignorance, justiciable de l'opinion, ne saurait l'être des persécutions du pouvoir: c'est par la persuasion, par des raisonnemens à la portée du vulgaire, par la propagation de lumières rendues presques triviales qu'on pourra lutter avec succès contre les préjugés de l'habitude et les erreurs routinières de la prévention, que par les soins inaperçus de l'homme public, chaque usage superstitieux soit livré aux argumens simples d'une logique sans apprêt, que le préjugé qui aura pu échapper aux coups du raisonnement ne puisse se soustraire à ceux du ridicule; surtout que dans toutes les attaques l'ennemi trompé ne puisse apercevoir la main qui le combat; car, encore une fois, il finira par se rendre à la raison; mais jamais il ne cessera de résister à l'autorité.

Telles sont les vérités que ne saurait méditer avec trop de recueillement l'Administrateur qui voudra faire concourir l'esprit religieux de ses administrés au succès de ses opérations. Ces principes généraux sont clairs, positifs; ils ne peuvent tromper l'homme public dans ses calculs, ni l'abuser dans leurs résultats. Que dirons-nous maintenant d'une de leurs applications les plus communes et les plus contestées, de l'intervention extérieure des pompes religieuses dans les cérémonies publiques et nationales ? Cette considération, peu profonde en apparence, ne semblera pas longtemps inutile si l'on réfléchit au degré d'influence qu'exercent les rapports des sens sur les sentimens intimes de la partie la plus nombreuse de la population; mais comment accorder sous ce point de vue délicat les systêmes les plus opposés? comment concilier et ce scrupule inquiet qui repousse tout appareil religieux comme trop auguste pour des intérêts purement profanes, et ce zèle exigeant qui le réclame exclusivement comme base unique de toute solennité véritable? Nous n'adopterons dans toute son intégrité ni la prohibition timorée des uns, ni cette admission sans partage, seule autorisée par les autres : nous répondrons aux premiers que les vues religieuses peuvent s'allier sans péril avec les sentimens patriotiques; que la religion qui les commande peut leur prêter pour son intérêt même l'éclat de ses solennités; et qu'enfin il serait au moins inconvenant de ne pas intéresser la classe respectable des citoyens religieux à la prospérité de la patrie. Ces motifs, en ne les considérant même que sous les rapports administratifs, seront sans doute suffisans pour déterminer l'homme public à donner aux solennités religieuses un degré d'intervention calculé sur les circonstances et sur les localités; mais comme il n'est pas moins nuisible d'outrepasser le but qu'il n'est avantageux de l'atteindre, nous combattrons aussi le système de ceux qui ne voudraient accorder qu'à la religion seule le droit de célébrer les événemens glorieux ou fortunés pour la patrie. Ce dernier principe a sa source dans un sentiment vertueux, mais il est faux en administration comme en politique; et une erreur pour être respectable n'en est pas moins une erreur. Sans doute on pourrait s'en reposer sur la religion seule du soin d'entretenir dans les esprits cet enthousiasme patriotique qui s'intéresse sans relâche à la splendeur de son pays, s'ils étaient tous animés du principe religieux qui leur fait de cet enthousiasme même un devoir; mais l'expérience ne nous détrompe-t-elle pas avec trop de certitude d'une perfection aussi générale? Les cérémonies purement religieuses, trop imposantes pour la légèreté du plus grand nombre, ne seraient-elles pas insuffisantes pour l'effet qu'on en attend, et la majesté un peu sévère n'en sera-t-elle pas avantageusement adoucie par des solennités plus analogues à l'état actuel de notre civilisation? Ne repoussons donc point dans la célébration des grandes époques de notre histoire le concours de cette religion qui se rattache à tant de souvenirs; entretenons jusques dans nos fêtes cet esprit supérieur à la morale même, sans lequel il n'existe point d'ordre public véritable; mais payons à la faiblesse humaine le tribut qu'elle réclame; des hauteurs d'une religion exclusive ne tombons pas dans une mysticité puérile, et puisqu'il s'agit de fêtes populaires, ne leur donnons pas par scrupule un caractère prolongé de gravité dont le peuple finirait bientôt par se dégoûter infailliblement. D'après ces considérations l'Administrateur fera concourir les pompes religieuses aux cérémonies patriotiques avec assez de majesté pour ne pas laisser éteindre ce sentiment, qu'il est de son intérêt comme de son devoir d'alimenter; mais il en tempérera la sévérité par des délassemens plus profanes, plus populaires, et autorisés par la religion même.

Après avoir envisagé dans l'homme public le conservateur naturel des principes moraux et religieux de ses administrés, ce serait peut-être ici le lieu de lui tracer des règles de conduite relatives à la repression d'un genre de délit dont la morale et la religion condamnent également la funeste impunité. On ne nous accusera sans doute ni d'une intolérante rigidité, ni d'un rigorisme minutieux si nous nous élevons avec une légitime indignation contre ces livres scandaleux, contre ces monumens d'infamie où la perversité prêche impudemment à une jeunesse abusée des principes d'irreligion ou d'immoralité. Sont-ils donc moins criminels ces corrupteurs publics ? encourront-ils moins les vengeances de la société que ces scélérats obscurs dont les mains préparent d'inévitables poisons ? des conséquences plus universelles ne donnent-elles pas même au crime des premiers une épouvantable supériorité? Quoi! de justes châtimens atteindront le coupable dont la société n'aura plus rien à redouter dès qu'elle sera vengée, et celui dont l'impudente immoralité, dont la désastreuse irreligion auront porté au corps social des coups dont la race future doit ressentir encore la funeste atteinte contemplerait avec dérision les effets de son infamie! il insulterait par son impunité aux dangers d'une jeunesse sans défense, et au désespoir accusateur des chefs de famille! Non, la province bien administrée n'aura point à rougir d'un pareil scandale; la sagesse d'une administration vigilante la garantira du danger des infames doctrines et des principes meurtriers de l'irreligion; pleine d'indulgence pour les erreurs, et tolérante pour toutes les opinions, elle déploiera contre tous les crimes une inflexible sévérité, et celui que nous lui signalons lui paraîtra de tous le plus irrémissible. L'homme public ne pourra se dispenser de reconnaître qu'il est comptable des principes religieux de la génération qui doit lui succéder, comme de toutes les autres parties de son instruction; que l'impunité des délits qui tendent à la pervertir serait un attentat contre la société, dont il est le premier mandataire, et que toute négligence dans cette partie essentielle de ses travaux rendrait inutiles tous les soins qu'il pourrait apporter d'ailleurs à l'éducation.

Ce dernier attentat, que nous venons de signaler à la sévérité de l'homme public, nous conduit naturellement à envisager sous un point de vue particulier des devoirs que nous n'avons pu tracer que d'une manière incomplète dans le chapitre précédent. Nous n'avons parlé jusqu'ici de l'instruction publique que sous les rapports qui la rattachent aux intérêts purement civils et politiques de l'Etat : nous nous réservions de compléter par quelques considérations, qui par notre plan nous étaient alors interdites, ce système important qui doit assurer, sous les rapports religieux comme sous tous les autres, des hommes vertueux à la société, des citoyens sans reproches à la patrie. Si le besoin indispensable d'un esprit religieux dans toutes les classes de la société est un principe tellement incontestable qu'il est inutile d'en répéter la démonstration ; si le frein le plus puissant pour la multitude ignorante est aussi pour toutes les autres parties de la population le mobile le plus actif et le véhicule le plus salutaire, on nous dispensera sans doute des raisonnemens que nous pourrions alléguer ici, et l'on avouera la nécessité de baser sur cet esprit même tout le système de l'éducation. Bien convaincu de cette vérité, l'Administrateur ne se bornera donc pas, dans le choix des instituteurs et dans la surveillance de leurs travaux, aux considérations que nous lui avons présentées, en vérifiant scrupuleusement le degré d'instruction des maîtres chargés de la prodiguer; il veillera à ce qu'ils soient personnellement imbus de cet esprit religieux qu'ils doivent inculquer à leurs élèves en même temps que la science; il proscrira sans ménagement toute école dangereuse où ce premier principe serait négligé ou méconnu; enfin il emploiera tous les efforts d'un zèle éclairé, tous les moyens d'une surveillance paternelle, pour que l'éducation du jeune âge, cultivée par le génie, soit épurée par la morale et garantie par la religion. Si dans le tumulte des passions, au milieu des orages de la politique ou des intrigues du grand monde, un élève, nourri de ces leçons, vient à s'écarter un jour de la route qui lui fut tracée, les principes oubliés quelque temps ne sont jamais méconnus sans retour, le souvenir des vertus se réveille; la société retrouve bientôt un enfant qui l'honore, et la patrie un citoyen dont elle peut encore être fière. Tels sont les avantages d'une éducation basée sur des principes moraux et religieux : honneur à l'homme public auquel une partie de la société sera redevable de ces heureux résultats! il aura semé jusque dans l'avenir des germes utiles; il sera à la fois la Providence de ses contemporains, et le bienfaiteur toujours vivant de la postérité.

A l'appui de ces principes généraux il est une règle particulière à laquelle un zèle bien entendu pour la religion de l'Etat et une juste tolérance pour toutes les autres soumettront la conduite de tout Administrateur éclairé : il ne permettra pas que dans une même école s'enseignent ou se pratiquent des religions différentes. Que chacune, consacrée à un culte unique, en accommode les dogmes et les préceptes à son plan général d'éducation ; mais qu'un amalgame ridicule et déplacé ne vienne pas exposer la jeunesse qui s'y rassemble à des dangers inévitables. Quels sont-ils ces dangers? va nous demander un raisonneur inconséquent ou superficiel ; du moment où vous proclamez l'exercice libre et protégé de toutes les religions, que vous importe une diversité d'enseignement qui applique à chacun les préceptes de son culte héréditaire? en quoi, d'après vos principes de tolérance, un pareil système peut-il compromettre la morale des élèves et les intérêts de la société? La réponse nous paraît aussi facile qu'incontestable : il n'en est pas de la religion comme des autres branches de l'enseignement mises à la portée d'un nombre d'élèves plus ou moins considérable; chaque partie de l'éducation peut leur être isolément appliquée; chacun peut recevoir les leçons d'une science particulière sans que les autres cessent d'y rester étrangers : mais cet isolement respectif devient impossible quand il s'agit de religion; comme les principes en sont applicables à tous, comme ses sentimens parlent au cœur de tous, tous voudront mettre en commun vos différentes instructions : c'est en vain que vous chercherez à soustraire les idées religieuses d'un culte aux raisonnemens et à la curiosité des autres; ils feront malgré vous des rapprochemens et des comparaisons; ils remarqueront des différences de dogmes ou de principes, qui seront pour leur inexpérience des objets de critique ou de dérision; et de cette logique superficielle naîtront les germes d'une subtilité dangereuse, ou d'une irreligion plus dangereuse encore. Et ne croyez pas que chacun de vos élèves, dégoûté seulement des dogmes abstraits de tel ou tel culte particulier, conserve au moins des idées générales de religion pour le fortifier ou le consoler dans les circonstances critiques de sa vie, vous tomberiez dans la plus fatale de toutes les erreurs : ne doutez pas au contraire des résultats beaucoup plus funestes de votre inconséquence; la jeunesse, naturellement insubordonnée, tournera contre l'esprit religieux en général les contradictions qu'elle sera fière de découvrir entre les différens cultes; loin de chercher à se rendre compte des motifs de cette différence, loin de rapporter les dogmes particuliers de chaque religion à un centre commun, le culte diversement modifié du même être, vous la verrez, frondant hardiment ce qu'elle ne peut approfondir, mépriser cet ensemble auguste dont elle ne peut accorder les détails; elle partira de cette contradiction favorable à son indocilité pour rejeter bientôt tout esprit de religion même. Ainsi s'affaiblira en eux, et bientôt disparaîtra tout à fait ce sentiment religieux base de la morale des particuliers et le garant le plus sûr du repos de la société. D'après l'évidence de ces considérations nous croirions faire une injure aux Magistrats chargés de l'honorable dépôt de l'autorité en insistant plus long-temps sur l'obligation où ils sont de veiller scrupuleusement à ce qu'un esprit religieux préside à tous les établissemens consacrés à l'instruction, mais surtout à ce que dans une seule et même institution ne s'enseignent et ne se pratiquent jamais les préceptes de deux cultes différens. A l'application rigoureuse de ce principe sont attachés pour la génération future les succès les plus désirables et les fruits les plus précieux de l'éducation.

Tel est l'abrégé des considérations relatives aux devoirs d'un sage Administrateur sous les rapports religieux; tels sont les moyens par lesquels il placera sous la sauve-garde la plus auguste les actes particuliers et les résultats généraux de son Administration. Après en avoir terminé le tableau par l'exposé de l'influence d'un esprit de religion sur la génération qui doit lui succéder; après lui avoir offert pour encouragement et pour récompense de ses travaux les souvenirs et la reconnaissance de la postérité, tout ce que nous pourrions ajouter ne serait plus pour son zèle qu'un aiguillon secondaire et presque entièrement inutile; il vaut mieux abandonner un sujet sans l'avoir épuisé que de le tourmenter sans fruit, et l'approfondir sans génie; nous laisserons donc à des publicistes plus exercés le soin de développer dans leurs détails les principes généraux dont nous venons d'esquisser l'ensemble; puissent-ils, guidés par un patriotisme ardent, remplir la tâche que nous avons prétendu seulement indiquer! Puissent leurs généreux efforts donner à la patrie des Administrateurs éclairés qui sachent à la fois la servir par leur dévouement, et l'honorer par leurs succès! Mais qu'ils ne perdent jamais de vue cette vérité incontestable dont notre but dans cet ouvrage a été de les pénétrer, c'est qu'ils ne parviendront jamais à ce double résultat si par un assemblage aussi rare que difficile ils ne réunissent en eux les qualités sociales qui font chérir l'autorité, les vertus qui la font respecter dans l'homme qui en est revêtu, les lumières civiles et politiques qui donnent une marche sûre et régulière à l'Administration, et les principes de conduite religieuse qui assurent à ses opérations cette sanction, la plus indispensable de toutes ; la docilité des esprits et l'assentiment de la conscience.

FIN.

www.ingramcontent.com/pod-product-compliance
Ingram Content Group UK Ltd.
Pitfield, Milton Keynes, MK11 3LW, UK
UKHW012024240726
13965UKWH00002B/560